数字化财务活页式系列丛书

外贸企业财务综合实训

主编◎刘计华　张轲　唐建民

華中科技大學出版社
http://www.hustp.com
中国·武汉

图书在版编目（CIP）数据

外贸企业财务综合实训 / 刘计华，张轲，唐建民主编．—武汉：华中科技大学出版社，2020.8
ISBN 978-7-5680-6487-3

Ⅰ．①外…　Ⅱ．①刘…②张…③唐…　Ⅲ．①外贸企业－企业管理－财务管理　Ⅳ．①F276

中国版本图书馆 CIP 数据核字 (2020) 第 149630 号

外贸企业财务综合实训
Waimao Qiye Caiwu Zonghe Shixun　　　　刘计华　张轲　唐建民　主编

策划编辑：聂亚文
责任编辑：白　慧
封面设计：孢　子
责任监印：朱　玢
出版发行：华中科技大学出版社（中国·武汉）　　电话：（027）81321913
　　　　　武汉市东湖新技术开发区华工科技园　　邮编：430223
录　　排：华中科技大学惠友文印中心
印　　刷：湖北新华印务有限公司
开　　本：787 mm × 1092 mm　1/16
印　　张：13
字　　数：100 千字
版　　次：2020 年 8 月第 1 版第 1 次印刷
定　　价：85.00 元（含教学票样）

华中出版

本书若有印装质量问题，请向出版社营销中心调换
全国免费服务热线：400-6679-118　竭诚为您服务

前言

十九大报告指出，完善职业教育和培训体系，深化产教融合、校企合作。基于此，建设产教融合下的实训基地是职业教育提升应用型人才培养质量的重要途径，而高度仿真的活页式、工作流程式实训教材成为实训基地不可缺少的教学工具。“数字化财务活页式系列丛书”正是基于会计毕业实习实训的需要而推出的。

近几年，随着大数据、人工智能、移动互联网、云计算、物联网等新技术的快速发展，企业对人才的需求从核算型会计逐步向管理型会计转变，企业财务部门也在由传统财务向价值创造中心转型，但是在现阶段会计核算仍旧是会计职业中一个最基本的能力，它是原理和方法。虽说财务机器人（RPA）已经在很多企业广泛使用，但是，财务机器人的流程和规则还是需要熟悉财务业务的人员去定义，例如报销机器人、报税机器人、开票机器人等，这些流程自动化的业务随时会因为相关而系统的变化需要重新定义流程和规则。因而，编者认为财务人员是不会被机器取代的，但财务一定要转化成“智能化”的财务，这个“智能”不仅仅指智能识别、智能审核、智能分析等技术，更指财务人员观念的转变。财务人员要始于感知、精于计算、巧于决策、勤于执行、善于学习，而不仅仅把自己当成流水线上的工具。

未来的财务人员除了要精通财务核算以外，还要擅长管理、熟悉 IT、洞察业务、了解公司战略，成为兼备会计、信息化、管理、金融等领域知识的复合型人才，以满足时代的要求和企业的需求。而这一切，都有赖于对最基础的财务业务的熟悉和把握。

本书为“数字化财务活页式系列丛书”之一，以华问鑫亿食品进出口有限公司为主体，设计了包括对外贸企业的认知、会计政策的掌握、企业制度的了解、企业年末的日常业务单据处理、进出口退税、期末结汇、成本归集核算、管理报表编制等常见的会计业务处理过程。书中包含会计综合实训指导手册以及高度仿真的原始凭证单据包，其中单据包以一家外贸进出口企业为例，完整展现了一家增值税一般纳税人外贸企业从货物贸易进出口、出口纳税及退税申报、多币种业务结算、期末汇兑损益，到企业日常财务费用报销、工资发放、固定资产折旧、增值税专用发票和普通发票开具等业务处理，再到会计报表编制和纳税申报的企业经营全过程。学习者通过对本书的学习，能够迅速地提升会计实践能力，累积一定的经验，增强职业竞争力。

经而觉，历而悟，作为会计职业教育和财务数字化应用领域中的积极践行者，北京华问教育科技有限公司基于十八年来的实践经验，不断将经验沉淀、总结和分享，以“培养数字化会计应用人才”为使命，凭借全球化的视野、前瞻性的 IT 规划能力、创新的产品架构、强大的课程开发与教学交付能力，致力于帮助院校搭建业财一体的数字化应用实训场景，建立智能化、数字化的会计实习实训基地。

书中所涉及的业务单位和人员均为虚构，如有雷同，纯属巧合；所涉及行政事业单位的票据和印章均为实现单据真实化而编制的，如有不妥请及时告知，我们将及时做出修正（若想索取平台半年免费使用权，请发送邮件至 135141@qq.com）。

目录

第一部分

企业基本情况

一、公司简介

华问鑫亿食品进出口有限公司成立于2017年，是经营进出口贸易的专业外贸公司，开展国内外贸易、转口贸易等方式的经营业务。

多年来，公司凭借优质的产品、一流的服务、超低的价格赢得了国内外客户的信任与青睐，使得公司贸易规模日益扩大，产品遍布国内外。在促进我国的现代化建设，促进与世界各国的经济技术交流，增进同各国人民的友谊方面做出了许多积极的工作。我们热忱的希望：你我携手，共创美好未来！

Established in 2017, Huawen Xinyi Food Import and Export Co., Ltd. is a professional foreign trade company engaged in import and export trade, carrying out domestic and foreign trade, transit trade and other business.

Over the years, the company has won the trust and favor of domestic and foreign customers by virtue of its high-quality products, first-class service and ultra-low price. As a result, the trade scale of the company has been expanding day by day, and its products are all over the country and overseas. It has done a lot of positive work in promoting China's modernization drive, promoting economic and technological exchanges with other countries and enhancing friendship with people of other countries. Our enthusiastic hope: you and I hand in hand, create a better future!

二、企业营业执照（五证合一）及其他

企业营业执照副本如图 1–1 所示。

编号:No.1 0199999

营业执照

（副 本）(1-1)

统一社会信用代码91621300250502013K

名　　称　华问鑫亿食品进出口有限公司

类　　型　有限责任公司（自然人投资或控股）

住　　所　九州市河西区融贸路128号

法定代表人　王一鸣

注册资本　伍佰万元整

成立日期　2017年06月06日

营业期限　2017年06月06日至2037年06月06日

经营范围　自营和代理货物的进出口，但国家限定经营或禁止进出口的货物除外；网上销售：日用品、化妆品、电器、服装、食品、饮料；预包装食品、酒类、乳制品销售；农畜产品销售。

在线扫码获取详细信息

登记机关　九州市工商行政管理局河西分局

2017 年 06 月06 日

提示：每年1月1日至6月30日通过企业信用信息公示系统报送上一年度年度报告并公示。

中华人民共和国国家工商行政管理总局监制

图 1–1　营业执照副本

对外贸易经营者备案登记表如图 1–2 所示（背面条款略）。

对外贸易经营者备案登记表

备案登记表编号：00949572　　　　**进出口企业代码：**2505020133642

经营者中文名称	华问鑫亿食品进出口有限公司		
经营者英文名称	HUAWEN XINYI FOOD IMPORT AND EXPORT CO. . LTD		
组织机构代码	250502013	经营者类型（由备案登记机关填写）	有限责任公司
住所	九州市河西区融贸路 128 号		
经营场所（中文）	九州市河西区融贸路 128 号		
经营场所（英文）	NO.128,RONGMAO ROAD,HEXI DISTRICT,JIUZHOU CITY		
联系电话	011-86253366	联系传真	011-86253366
邮政编码	999111	电子邮箱	huawen@126.com
工商登记注册日期	2017-06-06	工商登记注册号	916213002505213

依法办理工商登记的企业还须填写以下内容

企业法定代表人姓名	王一鸣	有效证件号	521131197610215321
注册资金	伍佰万元人民币		柒拾叁点伍万美元（折美元）

依法办理工商登记的外国（地区）企业或个体工商户（独资经营者）还须填写以下内容

企业法定代表人 个体工商负责人姓名		有效证件号	
企业资产/个人财产			（折美元）

备注	

填表前请认真阅读背面的条款，并由企业法定代表人或个体工商负责人签字、盖章。

备案登记机关

2017 年 06 月 06 日

图 1–2　对外贸易经营者备案登记表

海关注册登记证书如图 1–3 所示。

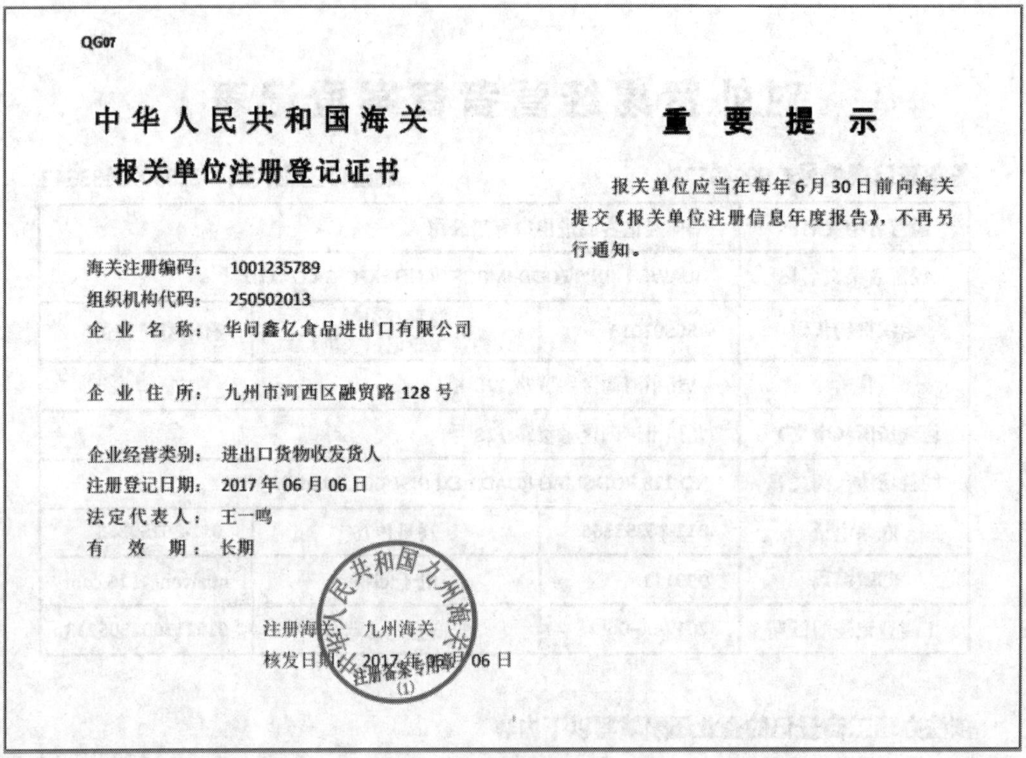

QG07

中华人民共和国海关

报关单位注册登记证书

重　要　提　示

报关单位应当在每年6月30日前向海关提交《报关单位注册信息年度报告》，不再另行通知。

海关注册编码：　1001235789

组织机构代码：　250502013

企 业 名 称：　华问鑫亿食品进出口有限公司

企 业 住 所：　九州市河西区融贸路 128 号

企业经营类别：　进出口货物收发货人

注册登记日期：　2017 年 06 月 06 日

法定代表人：　王一鸣

有　效　期：　长期

注册海关：　九州海关

核发日期：　2017 年 06 月 06 日

图 1–3　海关注册登记证书

三、公司组织架构

图 1–4 所示为公司的组织架构。

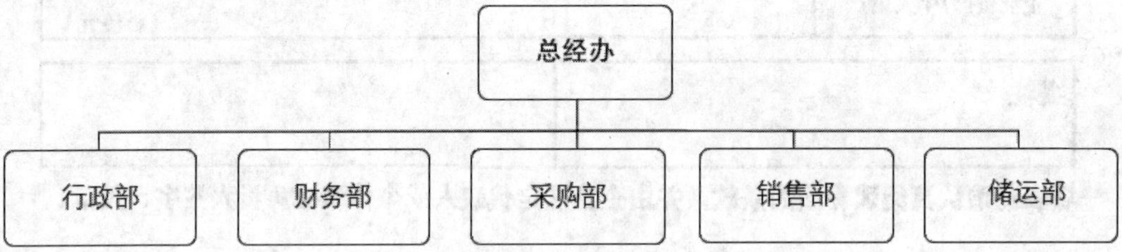

图 1–4　组织架构

第二部分

外贸企业相关会计政策及文件

一、相关会计政策

（一）会计年度

本公司会计年度自公历 1 月 1 日起至 12 月 31 日止。

（二）记账本位币及银行基本账户

（1）本公司以人民币为记账本位币。

（2）本公司基本存款账户：中国银行九州河西分行 101510855673。

外汇结算帐户：中国银行九州河西分行 101562451126。

（三）记账基础和计价原则（会计属性）

以权责发生制为记账基础。除某些金融工具外，均以历史成本为计价原则。资产如果发生减值，则按照相关规定计提相应的减值准备。

（四）会计核算

采用科目汇总表核算形式。定期把全部记账凭证按科目汇总，编制科目汇总表，然后根据科目汇总表登记总分类账。

（五）存货

存货按照取得时的实际成本进行初始计量。存货成本包括采购成本、加工成本和使存货达到目前场所和状态所发生的其他成本。采用先进先出法确定发出存货的实际成本（核算时数量、单价和金额保留两位小数）。存货的盘存制度采用永续盘存制。

（六）固定资产

固定资产采用年限平均法计提折旧，各类固定资产的使用年限、预计净残值率及年折旧率如表 2-1 所示。

表 2-1 固定资产的使用年限、预计净残值率及年折旧率

固定资产类别	预计使用年限 / 年	预计净残值率 /(%)	年折旧率 /(%)
房屋、建筑物	20	5	4.75
机器设备	10	5	9.50
电子设备	3	5	31.67
运输工具	4	5	23.75

已达到预定可使用状态但尚未办理竣工决算的固定资产，按照估计价值确定其成本，并计提折旧；待办理竣工决算后，再按实际成本调整原来的暂估价值，但不需要调整已计提的折旧额。

本公司至少于每年年度终了对固定资产的使用年限、预计净残值和折旧方法进行复核，并对固定资产减值情况进行测试，必要时进行调整。

（1）固定资产清理应由设备部门提出报告，经技术部门鉴定后，报分管领导审批后处理。

（2）对外支付的固定资产修理费用，一次金额较大的，通过“长期待摊费用”账户核算；一次金额不大的，直接计入当期损益。

（七）职工薪酬

1. 职工薪酬

职工薪酬主要包括工资、奖金、津贴和补贴、职工福利费、社会保险费及住房公积金、工会经费和职工教育经费等其他与获得职工提供的服务相关的支出。

本公司在职工提供服务的会计期间，将应付的职工薪酬确认为负债，并根据职工提供服务的受益对象计入相关资产成本或费用。因解除与职工的劳动关系而给予职工的补偿，计入当期损益。

2. 社会保险费用

本书中社会保险费用按九州市的缴费比例缴纳。

养老保险：职工工资收入高于本市上年度职工平均工资 300% 的，以本市上年度职工平均工资的 300% 为缴费基数；职工工资收入低于本市上年度职工平均工资 60% 的，按本市平均工资的 60% 为缴费基数；职工工资收入在本市上年度职工平均工资 60% ~ 300% 之间的，按实申报。其中单位缴纳 20%，个人缴纳 8%。

医疗保险：根据养老保险基数缴纳，其中单位缴纳 6%，个人缴纳 2%。

失业保险：缴费单位按其参加失业保险的全部职工工资总额的 0.5% 缴纳失业保险费，缴费个人按照本人工资总额的 0.5% 缴纳失业保险费。

工伤保险：由单位缴纳，比例为 0.1%。

生育保险：由单位缴纳，比例为 0.5%。

住房公积金：单位和职工缴存比例最低不低于 5%，原则上不高于 12%(合计缴存比例为 10% 至 24%)。住房公积金缴存比例统一按照单位、个人各 8% 执行。

根据要求，本公司以上年度工资总额为基数缴纳社会保险费，工资总额包含计时、计件工资，各项津补贴，加班加点工资，奖金，特殊情况下支付的工资等。

（八）应交税费

1. 增值税

根据现行会计制度的规定，出口货物退（免）税的会计核算主要涉及“应交税费——应交增值税”“应交税费——未交增值税”“其他应收款——应收出口退税”会计科目。

出口企业在“应交增值税”明细账中，应设置“进项税额”“已交税金”“减免税款”“出口抵减内销产品应纳税额”“销项税额”“出口退税”“进项税额转出”等专栏。期末借方余额反映企业多交或尚未抵扣的增值税，期末贷方余额反映企业尚未缴纳的增值税。

“应交税费——应交增值税（出口退税）”科目记录企业出口货物，向海关办理报关出口手续后，凭出口报关单等有效凭证，向税务机关申报办理出口退税而计算出的免、退税额。出口货物发生的免、退税额，用蓝字登记；出口货物办理退税后发生退货或者退关而补缴已退的税款，用红字登记。出口企业按规定确定当期应退税额、应免税额后，借记“其他应收款——应收出口退税款（增值税）”科目，贷记本科目。

本公司为营改增后增值税一般纳税人，出口货物适用增值税退（免）税政策，内销部分按照增值税管理办法正常计算，增值税税率为 13%。

出口货物对应的销项税额免征增值税，出口货物对应的进项税额实行退税。

应退税额 = 增值税退（免）税计税依据 × 退税率

2. 城市维护建设税、教育费附加、地方教育附加

城市维护建设税按实际缴纳流转税额的 7% 计缴，教育费附加按实际缴纳流转税额的 3% 计缴，地方教育费附加按实际缴纳流转税额的 2% 计缴。

3. 企业所得税

本公司的企业所得税的会计核算采用资产负债表债务法。本公司在取得资产、负债时，确定其计税基础。资产、负债的账面价值与其计税基础存在的暂时性差异，按照《企业会计准则第 18 号——所得税》有关规定，确认所产生的递延所得税资产或递延所得税负债。

根据主管税务机关的核定，本公司的企业所得税采取分季预缴方式，按应纳税所得

额的 25% 计缴。

4. 个人所得税

月工资收入 5,000 元以上的部分为应纳税所得额，各级税率如表 2-2 所示。

表 2-2　月工资收入各级税率

级数	全年应纳税所得额	税率 /(%)	速算扣除数
1	不超过 36,000 元	3	0
2	超过 36,000 元至 144,000 元的部分	10	2,520
3	超过 144,000 元至 300,000 元的部分	20	16,920
4	超过 300,000 元至 420,000 元的部分	25	31,920
5	超过 420,000 元至 660,000 元的部分	30	52,920
6	超过 660,000 元至 960,000 元的部分	35	85,920
7	超过 960,000 元的部分	45	181,920

工资个税的计算公式：应纳税额 =（月工资总额 – 起征额 5000– 五险一金 – 专项附加扣除）× 适用税率 – 速算扣除数。

新个税法采用累计预扣法预扣预缴个人所得税，因此每月计税都得累加 1 月至本月计税工资累计计税，再扣减 1 月到上月已缴个税后的金额为本月应扣缴个税。

本月应交个税 = 累计应纳税额 × 税率 – 速算扣除数 –1 月到上月累计已缴个税总额。

（九）盈余公积

盈余公积包括法定盈余公积和任意盈余公积。法定盈余公积是国家规定企业必须从税后利润中提取的盈余公积，提取比例为 10%。本公司任意盈余公积的提取比例为 5%。

（十）收入

出口货物收入只有在同时满足《企业会计准则第 14 号——收入》中五个条件的情况下才予以确认，即会计上作收入处理。一般情况下，财务部门收到储运或业务部门交来的已出运全套出口单证，依开具的外销出口发票上注明的出口额确认收入。

（十一）费用

海运费。货物装运出口后，企业收到对外运输单位的运费单据时，以 CIF 价作销售收入入账的企业，按实际支付的海运费（包括空运费、陆运费，不包括内陆运费、吊装费、口岸杂费等）冲减出口销售收入，单据上注明的其他费用应作销售费用处理。以外币支付海运费的企业，应向外汇银行按当日的现汇卖出价申购外汇划拨收款单位，即外汇应按支付当日的现汇卖出价折合成人民币记账。

国外保险费。企业收到保险公司送来的出口运输保险单或者联合发票副本及保险费结算清单时，以 CIF 价作销售收入入账的企业，按实际支付的保险费金额冲减出口销售收入，以外币支付的与支付海运费的处理相同。

国外佣金。佣金是价格的组成部分，也是支付给中间商的一种报酬。佣金的支付方法有两种，一是议付佣金（明佣），即出口后在向银行议付信用证时，由银行按规定佣金率在结汇款中代扣后，支付给国外客户。另一种是出口方在收妥全部货款后，将佣金另行汇付国外客户（暗佣）。企业在支付佣金后，应按实际支付金额冲减出口外销收入，以外币支付的与上述处理方法相同。

（十二）外汇汇率

出口企业出口货物不论以何种外币结算，凡中国人民银行公布有外汇折合率的，均按财务制度规定的汇率直接折算成人民币金额登记有关账簿。

出口企业可以采用记账当月 1 日或当日的汇率作为记账汇率（一般为中间价），确定后报主管税务机关备案，在一个年度内不得调整。企业应将计算出口销售收入时的汇率与实际结汇时的汇率加以区别，计算出口销售收入时以入账时规定的汇率（当月 1 日或当日的汇率）计算，同时借记应收账款、预收账款等，收汇时按当日银行现汇买入价折合人民币，与对应的应收外汇账款人民币差额部分计入“财务费用——汇兑损益”。结汇时银行扣除的手续费和其他费用，企业应作财务费用处理。

二、出口退税管理办法及操作流程

（一）出口退税管理办法

出口退税主要实行两种办法。

（1）对外贸企业出口货物实行免税和退税的办法，即对出口货物销售环节免征增值税，对出口货物在之前各个生产流通环节已缴纳增值税予以退税；

（2）对生产企业自营或委托出口的货物实行免、抵、退税办法，对出口环节免征增值税，对出口货物所采购的原材料、包装物等所含的增值税允许抵减其内销货物的应缴税款，对未抵减完的部分再予以退税。

出口退税的税款实行计划管理。财政部每年在中央财政预算中安排出口退税计划，同国家税务总局分配下达给各省（区、市）执行。不允许超计划退税，当年的计划不得结转下年使用。

出口企业的出口退税全部实行电子化管理，通过计算机申报、审核、审批。我国自 2003 年起启用了“口岸电子执法系统”出口退税子系统，针对企业申报退税的报关单、外汇核销单等出口退税凭证，实现了与签发单证的政府机关信息对审的办法，确保了申报单据的真实性和准确性。

（二）出口退税申请流程

1. 有关证件的送验及登记表的领取

企业应在取得有关部门批准其经营出口产品业务的文件和工商行政管理部门核发的工商登记证明后的 30 日内办理出口企业退税登记。

2. 出口退税登记的申报和受理

企业领取“出口企业退税登记表”后，即按登记表的有关要求进行填写，加盖企业公章和有关人员印章后，连同出口产品经营权批准文件、工商登记证明等证明资料一起报送税务机关，税务机关审核无误后，即受理登记。

3. 核发出口退税登记证

税务机关接到企业的正式申请，经审核无误并按规定的程序批准后，核发给企业“出口退税登记证”。

4. 出口退税登记的变更或注销

当企业经营状况发生变化或某些退税政策发生变动时，应根据实际需要变更或注销出口退税登记。

出口退税申报系统操作向导及对应的说明如图 2–1、图 2–2 所示。

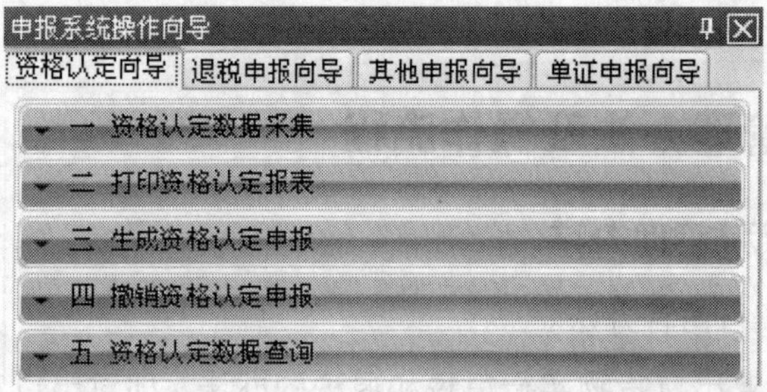

图 2–1 申报系统操作向导

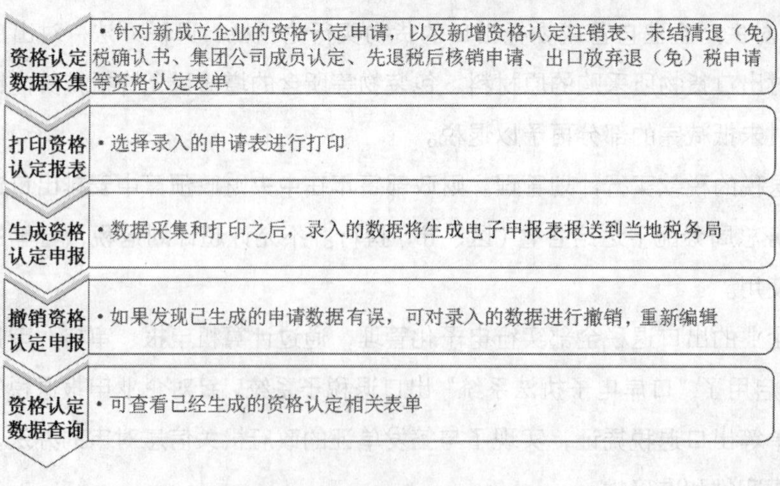

图 2–2 资格认定向导及说明

（三）出口退税申请条件

（1）必须经营出口产品业务，这是企业申办出口退税登记最基本的条件。

（2）必须持有工商行政管理部门核发的营业执照。营业执照是企业法人营业执照的简称，是企业或组织合法经营权的凭证。

（3）必须是实行独立核算的企业单位，具有法人资格，有完整的会计核算体系，独立编制财务报表，并在银行开设独立帐户，可以对外办理购销业务和货款结算。

凡不同时具备上述条件的企业单位，一般不予以办理出口企业退税登记。

（四）出口退税申报流程

报关单在报关并经海关签证后退回出口企业两联——出口结汇联（白色）和退税证明联（黄色）。报关单须在报关单签证后 90 天内申报出口退税，否则会计账务上按出口转内销处理。

出口退税的申报流程如下。

（1）网上申领核销单，顺序是登录电子口岸执法系统，选择“出口收汇”，选择“核销单申领”。领取纸质核销单，凭申领过的电子口岸 IC 卡及加盖企业公章的“出口企业核销单介绍信”前往外汇管理局领取。

（2）口岸备案。领完核销单进入“出口收汇 / 口岸备案”中进行口岸备案，顺序是登录电子口岸执法系统，选择“出口收汇”，选择“口岸备案”，备案成功后办理报关手续。

（3）交单。货物出口海关打印出报关单后，进入“出口收汇 / 企业交单”中输入核销单号码，查找出该核销单及对应的报关单，然后进行交单。

（4）核销。交单成功后 5 天左右去外管局核销，交单的同时也可以进入“出口退税 / 数据报送”中做报送，报送成功后 5 天左右可以去税务局办理退税。

出口收付汇核销单规定“核销日期”一般不超过出口货物报关单（出口退税专用）上注明的“出口日期”180 天（远期结汇除外）。

（5）退税申请。出口货物在报关出口并在财务上做销售处理以及经过退税机关的退税鉴定的基础上，出口企业按退税期限，可按照“出口退税申报系统”的要求生成“出口货物退税进货凭证申报表”“出口货物退税申报明细表”，并填写“出口货物退税汇总申报表”，连同有关退税凭证及申报数据，向税务机关提出退税申请。等接到税务机关的电话通知后，去税务机关办理退税（带退税批复、公司公章及印鉴章），一般办理退税手续后一周内银行从国家金库里拨入账款至公司账户。

出口退税系统应用电子口岸报关单数据流程如图 2-3 所示，出口企业办理出口退税业务流程如图 2-4 所示。

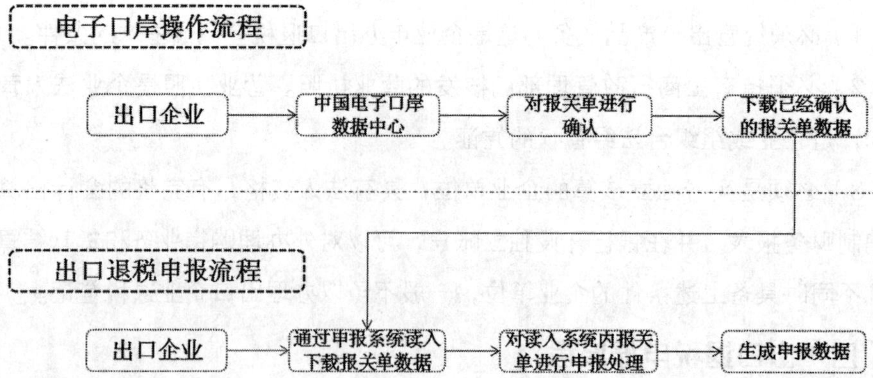

图 2-3　出口退税系统应用电子口岸报关单数据流程

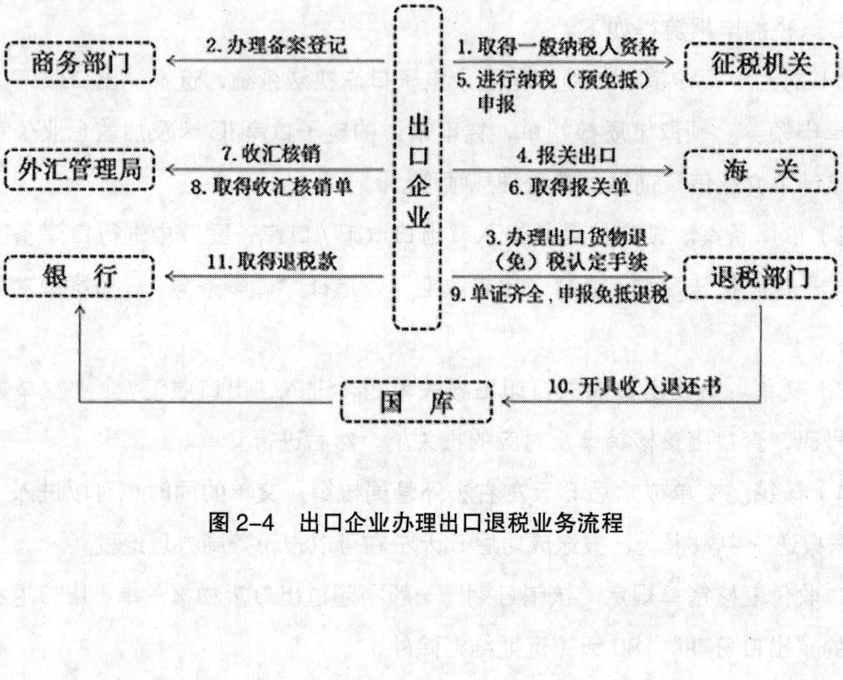

图 2-4　出口企业办理出口退税业务流程

第三部分

企业基础信息及数据

一、部门档案

部门档案如表 3-1 所示。

表 3-1　部门档案

部门编码	部门名称	所属营销机构
01	总经办	华问鑫亿食品进出口有限公司
02	行政部	华问鑫亿食品进出口有限公司
03	财务部	华问鑫亿食品进出口有限公司
04	采购部	华问鑫亿食品进出口有限公司
05	销售部	华问鑫亿食品进出口有限公司
06	储运部	华问鑫亿食品进出口有限公司

二、人员档案信息

人员档案信息如表 3-2 所示。

表 3-2　人员档案信息

人员编码	姓名	部门	职位	所属营销机构
001	王一鸣	总经办	总经理	华问鑫亿食品进出口有限公司
002	柯琪琪	总经办	助理	华问鑫亿食品进出口有限公司
003	徐琪	行政部	部门经理	华问鑫亿食品进出口有限公司

续表

人员编码	姓名	部门	职位	所属营销机构
004	程芳华	行政部	部门主管	华间鑫亿食品进出口有限公司
005	张末	行政部	行政助理	华间鑫亿食品进出口有限公司
006	周子洛	行政部	行政助理	华间鑫亿食品进出口有限公司
007	江云	财务部	部门经理	华间鑫亿食品进出口有限公司
008	陈萍	财务部	部门主管	华间鑫亿食品进出口有限公司
009	方淮	财务部	财务会计	华间鑫亿食品进出口有限公司
010	罗子琪	财务部	财务会计	华间鑫亿食品进出口有限公司
011	葛佳敏	财务部	出纳	华间鑫亿食品进出口有限公司
012	陆浩然	采购部	部门经理	华间鑫亿食品进出口有限公司
013	王成文	采购部	部门主管	华间鑫亿食品进出口有限公司
014	雷琳	采购部	采购专员	华间鑫亿食品进出口有限公司
015	张启名	采购部	采购专员	华间鑫亿食品进出口有限公司
016	卢广全	采购部	采购专员	华间鑫亿食品进出口有限公司
017	吴大伟	采购部	采购专员	华间鑫亿食品进出口有限公司
018	宁天峰	采购部	采购专员	华间鑫亿食品进出口有限公司
019	张孝忠	销售部	部门经理	华间鑫亿食品进出口有限公司
020	顾军	销售部	部门主管	华间鑫亿食品进出口有限公司
021	梁博宇	销售部	销售专员	华间鑫亿食品进出口有限公司
022	范志胜	销售部	销售专员	华间鑫亿食品进出口有限公司
023	河洛	销售部	销售专员	华间鑫亿食品进出口有限公司
024	邱心志	销售部	销售专员	华间鑫亿食品进出口有限公司
025	田征	销售部	销售专员	华间鑫亿食品进出口有限公司
026	刘怀安	储运部	部门经理	华间鑫亿食品进出口有限公司
027	史淑云	储运部	仓管员	华间鑫亿食品进出口有限公司
028	洪玲奇	储运部	仓管员	华间鑫亿食品进出口有限公司

三、客户信息及应收余额

客户信息及应收余额如表 3-3 所示。

表 3-3 客户信息及应收余额

客户编码	客户名称	统一社会信用代码	住所	电话	开户银行	银行账号	应收余额
112201	宏发食品有限公司	91102500HF3098257H	九州市云天区凤凰路路 88 号	011-62341101	中国建设银行云天分行	15833662275213098257	100,000.00
112202	星辰光影日化有限公司	91102500HK2127876L	九州市云天区名仕路 666 号	011-62341238	中国工商银行云天分行	621121010325117927	0.00
112203	九州清河酒饮有限公司	91110500MA2887135H	九州市云天区金融大街 95 号	011-62348899	中国工商银行云天分行	6234130010855617325	0.00

四、供应商信息及应付余额

供应商信息及应付余额如表 3-4 所示。

表 3-4 供应商信息及应付余额

供应商编码	供应商名称	统一社会信用代码	住所	电话	开户银行	银行账号	应付余额
220201	武汉华益食品有限公司	9121071630816957LH	武汉市江汉区江兴路 10 号	027-84521178	中国银行江兴支行	112052137546	0.00
220202	九州水业集团有限责任公司	9113601000007731SY	九州市灌婴路 99 号	011-83422108	工行高新支行	1501001026300010285	377.03
220203	国家电网九州供电总公司	9113601000008930DW	九州市丰和中大道 2 号	011-81058866	工行高新支行	1501001119300082012	3,393.27

五、科目余额表（2019 年 11 月）

2019 年 11 月的科目余额表如表 3-5 所示。

表 3-5 科目余额表

科目编码	科目名称	方向	期初余额	科目编码	科目名称	方向	期初余额
1001	库存现金	借	10,244.00	2202	应付账款	贷	3,770.30
1002	银行存款	借	6,324,598.52	220201	国内	贷	377.03
100201	人民币户	借	6,183,998.52	220201	供水局	贷	3,393.27
10020101	中国银行河西分行	借	6,183,998.52	220202	供电局	贷	0.00
100202	美元户	借	140,600.00	220203	武汉华益	贷	0.00
10020201	中国银行河西分行（$ 200000）	借	140,600.00	220204	海运公司	贷	0.00

续表

科目编码	科目名称	方向	期初余额	科目编码	科目名称	方向	期初余额
1122	应收账款	借	100,000.00	220202	国外	贷	0.00
112201	国内	借	100,000.00	22020201	美国 Start（佣金）	贷	0.00
11220101	宏发食品	借	100,000.00	2211	应付职工薪酬	贷	174,041.04
112202	国外	借	0.00	221101	工资奖金	贷	125,214.04
11220201	美国 Start	借	0.000	221102	福利费	贷	0.00
11220202	英国 Future	借	0.00	221103	社会保险费	贷	36,267.00
1122	其他应收款	借	96,473.00	22110301	基本养老保险	贷	25,120.00
112201	应收出口退税	借	96,473.00	22110302	基本医疗保险	贷	9,420.00
1405	库存商品	借	108,000.00	22110303	失业保险	贷	785.00
140501	龙虾罐头	借	84,000.00	22110304	工伤保险	贷	157.00
14050101	A 级	借	48,000.00	22110305	生育保险	贷	785.00
14050102	B 级	借	0.00	221104	住房公积金	贷	12,560.00
14050103	C 级	借	36,000.00	2221	应交税费	贷	-204,676.34
140502	速冻水饺	借	24,000.00	222101	应交增值税	贷	-207,417.30
14050201	250g	借	0.00	22210101	进项税额	借	1,481,696.22
14050202	500g	借	24,000.00	22210105	销项税额	贷	11,504.42
14050203	1,000g	借	0.00	22210106	出口退税	贷	1,262,774.50
1601	固定资产	借	2,421,472.00	222112	应交个人所得税	贷	2,740.96
160101	房屋及建筑物	借	1,380,000.00	2241	其他应付款	贷	29,045.00
160102	机器设备	借	98,000.00	224101	代扣个人三险一金	贷	29,045.00
160103	运输设备	借	717,800.00	22410101	个人养老保险	贷	12,560.00
160104	电子设备	借	225,672.00	22410102	个人医疗保险	贷	3,140.00
1602	累计折旧	贷	765,600.87	22410103	个人失业保险	贷	785.00
160201	房屋及建筑物	贷	158,412.50	22410104	个人住房公积金	贷	12,560.00
160202	机器设备	贷	22,499.07	4001	实收资本	贷	5,000,000.00
160203	运输设备	贷	411,987.34	400101	华问集团有限公司	贷	3,000,000.00
160204	电子设备	贷	172,701.96	400102	王一鸣	贷	2,000,000.00
				4103	本年利润	贷	3,293,006.65

六、固定资产明细表

固定资产明细表如表 3-6 所示。

表 3-6 固定资产明细表

类别	固定资产名称	规格	原值	购置日期	数量	折旧年限	残值率	月折旧率	月折旧额	使用部门
房屋及建筑物	办公楼	1,500 平方米	1,380,000.00	2017.6.6	1	20	5%	0.39583%	5,462.50	总经办
机器设备	全自动打包机	全自动四角边封机	98,000.00	2017.6.6	1	10	5%	0.79167%	775.83	储运部
运输设备	商务车	东风本田	237,800.00	2017.6.6	1	4	5%	1.97917%	4,706.46	销售部
运输设备	小轿车	奔驰	288,000.00	2017.6.6	1	4	5%	1.97917%	5,700.00	销售部
运输设备	货车	福田时代	142,000.00	2017.6.6	2	4	5%	1.97917%	2,810.42	储运部
运输设备	叉车	合力电动	50,000.00	2017.6.6	2	4		1.97917%	989.58	储运部
电子设备	电脑	联想	20,394.00	2017.6.6	6	3		2.63889%	538.18	总经办
电子设备	复印打印一体机	HP	5,278.00	2017.6.6	2	3		2.63889%	139.28	总经办
电子设备	空调	格力	200,000.00	2017.6.6	5	3		2.63889%	5,277.78	总经办
合计			2,421,472.00						26,400.03	

七、库存商品结存表

2019 年 11 月的库存商品结存表如表 3-7 所示。

表 3-7 库存商品 11 月结存表

编码	存货名称	规格型号	单位	数量	金额
101001	龙虾罐头	A 级	件	1,200.00	48,000.00
101002	龙虾罐头	B 级	件	0.00	0.00
101003	龙虾罐头	C 级	件	600.00	36,000.00
102001	速冻水饺	250g	件	0.00	0.00
102002	速冻水饺	500g	件	600.00	24,000.00
102003	速冻水饺	1,000g	件	0.00	0.00
	合计			2,400.00	108,000.00

第四部分

经济业务原始单据及操作指导

2019 年 12 月经济业务如表 4-1 所示。

表 4-1　2019 年 12 月经济业务

日期	凭证号	凭证总金额	业务说明	附件明细	
				票据	金额
2019-12-02	记 001	732,240.00	采购商品 / 武汉华益	入库单 19120201	360,000.00
				入库单 19120202	288,000.00
				增值税专用发票 25781153#	732,240.00
2019-12-02	记 002	21,090.00	国外进口打包机	合同 - 进口包装机	—
				中国银行 - 外汇支款凭证	$3,000.00
2019-12-02	记 003	-3,770.30	冲销上月计提水电费	—	-3,770.30
2019-12-02	记 004	4,260.44	补计上个月水电费	增值税专用发票 01020998#	3,834.40
				增值税专用发票 00326785#	426.04
2019-12-03	记 005	800,000.00	代理进口化妆品一批	合同 - 代理进口	—
				中国银行 - 电子回单	800,000.00
2019-12-03	记 006	4,260.44	支付上个月水电费	中国银行 - 电子回单	3,834.40
				中国银行 - 电子回单	426.04

续表

日期	凭证号	凭证总金额	业务说明	附件明细	
				票据	金额
2019-12-05	记 007	2,740.96	缴纳上月个税	税收通用缴款书 10282193#	2,740.96
				电子缴款凭证	2,740.96
2019-12-05	记 008	20,340.00	购入样展品一批	入库单 19120203	18,000.00
				增值税专用发票 25781161#	20,340.00
				中国银行－电子回单	20,340.00
2019-12-06	记 009	436,800.00	自营出口龙虾罐头-Start 公司	合同－出口罐头	—
				出库单 29120601#	436,800.00
2019-12-06	记 010	18,000.00	样展品出库参展	出库单 29120602#	18,000.00
2019-12-06	记 011	96,473.00	收到出口退税款	中国银行－电子回单	96,473.00
				外贸企业出口退税汇总申报表	—
2019-12-07	记 012	3,000.00	自营出口国内运输费用-Start 公司	增值税专用发票 00798325#	3,000.00
				现金支票存根 00511258#	3,000.00
2019-12-07	记 013	704,000.00	代理进口化妆品开出信用证	信用证副本	—
				中国银行－外汇支款凭证	$100,000.00
2019-12-08	记 014	912,384.00	自营出口交单-Start 公司	出口专用发票	$129,600.00
2019-12-08	记 015	436,800.00	结转出口成本-Start 公司	—	436,800.00
2019-12-09	记 016	2,500.00	支付出口罐头港口的港杂费搬运费	增值税普通发票 10907826#	2,500.00
2019-12-10	记 017	1,123.20	支付进口打包机国外运费	中国银行－外汇支款凭证	$160.00
				增值税普通发票 35811745#	1,123.20
2019-12-10	记 018	845.91	支付进口打包机国外保险费	中国银行－外汇支款凭证	$120.50
				增值税普通发票 35811746#	845.91
2019-12-10	记 019	908,496.00	持出口美国 Start 货物全套单据到银行办理交单议付	中国银行贷记凭证	$129,600.00
2019-12-10	记 020	18,169.92	支付出口销售罐头佣金	中国银行－外汇支款凭证	$2,592.00

续表

日期	凭证号	凭证总金额	业务说明	附件明细	
				票据	金额
2019-12-11	记 021	8,120,000.00	代理出口青岛啤酒一批	入库单 19120204#	—
				合同-代理出口	8,120,000.00
				出口销售合同	$1,160,000.00
2019-12-12	记 022	351,500.00	支付代理出口啤酒运保费	中国银行-外汇支款凭证	$50,000.00
				增值税普通发票 35811763#	351,500.00
2019-12-12	记 023	9,280.00	支付代理出口啤酒国内港杂费	现金支票存根 00511259#	9,280.00
				增值税普通发票 10907848#	9,280.00
2019-12-12	记 024	2,620.00	支付电话费	电子普通发票 62433498#	2,620.00
				中国银行-电子回单	2,620.00
2019-12-13	记 025	404,880.00	以信用证方式向英国 Future 出口速冻水饺（合同上月签订，CIF 价，明佣 2%）	出库单 29120603#	283,200.00
				出口专用发票	$57,840.00
2019-12-13	记 026	283,200.00	结转出口成本-英国 Future	—	283,200.00
2019-12-13	记 027	1,250.00	支付出口速冻水饺港杂费	增值税普通发票 10907859#	1,250.00
2019-12-14	记 028	2,500.00	员工报销招待费	费用报销单-柯琪琪	2,500.00
2019-12-14	记 029	5,000.00	员工借支差旅费	借款单-宁天峰	5,000.00
				现金支票存根 00201969#	5,000.00
2019-12-14	记 030	14,040.00	出口货物海运运费结算-英国 Future	增值税普通发票 35811772#	14,040.00
2019-12-14	记 031	3,573.18	出口货物保险费-英国 Future	增值税普通发票 35811773#	3,573.18
2019-12-15	记 032	422,400.00	支付代理进口化妆品货款	中国银行-外汇支款凭证	$60,000.00
2019-12-15	记 033	14,277.12	支付代理进口化妆品国外运保费	增值税普通发票 35811785#	14,277.12
2019-12-15	记 034	9,257.55	代理进口化妆品手续费收入	增值税专用发票 68711258#	9,257.55
2019-12-15	记 035	125,214.04	发放员工 2019 年 11 月份工资	中国银行-电子回单	125,214.04
				银行代发工资清单	125,214.04
2019-12-16	记 036	52,752.00	缴纳社会保险费	社会保险费缴款收据	52,752.00

续表

日期	凭证号	凭证总金额	业务说明	附件明细	
				票据	金额
2019-12-16	记 037	25,120.00	缴纳住房公积金	中国银行－电子回单	25,120.00
2019-12-17	记 038	100,000.00	收到宏发食品公司货款	中国银行－电子回单	100,000.00
2019-12-17	记 039	17,613.18	支付自营出口海外运保费－英国 Future	中国银行－外汇支款凭证	17,613.18
2019-12-18	记 040	397,349.23	持出口英国 Future 货物全套单据到银行办理交单议付	中国银行贷记凭证	$56,683.20
2019-12-18	记 041	396,852.92	出口结汇－英国 Future	中国银行结汇凭条	$56,612.40
2020-12-19	记 042	21,090.00	支付进口打包机尾款	中国银行－外汇支款凭证	$3,000.00
2019-12-19	记 043	6,348.00	员工报销差旅费	差旅费报销单－宁天峰	6,348.00
2019-12-20	记 044	15,452.19	进口打包机到货向海关申报进口关税	海关进口关税专用缴款书	15,452.19
				中国银行－电子回单	15,452.19
2019-12-20	记 045	7748.17	支付进口增值税	海关代征增值税专用缴款书	7,748.17
				中国银行－电子回单	7,748.17
2019-12-20	记 046	550.00	向报关行支付进口包装机代理报关费	增值税普通发票 35811102#	550.00
2019-12-21	记 047	201,898.94	支付代理进口关税、消费税、增值税	海关进口关税专用缴款书	43,667.71
				海关进口消费税专用缴款书	84,766.73
				海关进口增值税专用缴款书	73,464.50
				中国银行－电子回单	43,667.71
				中国银行－电子回单	84,766.73
				中国银行－电子回单	73,464.50
2019-12-22	记 048	354,065.33	与星辰光影日化有限公司清算代理进口费用	代理进口货款结算清单	—
				中国银行－电子回单	152,166.39
2019-12-23	记 049	60,151.30	进口打包机由储运部验收并投入使用	固定资产验收单	—
2019-12-24	记 050	259,322.64	代理出口青岛啤酒手续费收入	增值税专用发票 68711259#	259,322.64
2019-12-24	记 051	8,154,800.00	代理出口收汇	中国银行贷记凭证	$1,160,000.00

续表

日期	凭证号	凭证总金额	业务说明	附件明细	
				票据	金额
2019-12-24	记 052	8,152,353.56	代理出口结汇	中国银行结汇凭条	$1,159,652.00
2019-12-24	记 053	163,096.00	付代理出口境外佣金	中国银行－外汇支款凭证	$23,200.00
2019-12-26	记 054	7,334,354.92	与清河酒饮清算代理出口费用	代理出口结算清单	—
				中国银行－电子回单	7,334,354.92
2019-12-28	记 055	95,940.00	计算当月增值税出口应退税额	—	95,940.00
2019-12-31	记 056	26,400.03	计提 2019 年 12 月折旧	固定资产折旧清单	26,400.03
2019-12-31	记 057	176,900.00	计提 2019 年 12 月工资	2019 年 12 月员工工资表	176,900.00
2020-12-31	记 058	36,370.42	代扣员工三险一金	见记 057#	36,370.42
2020-12-31	记 059	39,439.90	计提 2019 年 12 月社会保险费	2019 年 12 月社会保险费及住房公积金计算汇总表	39,439.90
2020-12-31	记 060	14,152.00	计提 2019 年 12 月住房公积金	见记 059#	14,152.00
2020-12-31	记 061	6,784.80	支付车辆相关费用	费用报销单	6,784.80
				增值税专用发票 05301491#	5,695.20
				增值税电子普通发票 12387159#	329.60
2020-12-31	记 062	15,400.00	支付 12 月份租金	增值税普通发票 96212938#	15,400.00
2020-12-31	记 063	3,888.00	结转汇兑损益	—	—
2020-12-31	记 064	1,526,683.08	期间损益结转	—	—
2020-12-31	记 065	1,003,668.25	期间损益结转	—	—
2020-12-31	记 066	130,753.71	计提所得税费用	—	—
2020-12-31	记 067	130,753.71	期间损益结转	—	—
2020-12-31	记 068	3,685,267.67	结转本年利润	—	—
2020-12-31	记 069	552,790.15	计提盈余公积	—	—
2020-12-31	记 070	552,790.15	结转未分配利润	—	—

第五部分

财务分析

一、财务分析的内容和意义

财务分析是根据企业财务报表等信息资料，采用专门的方法，系统分析和评价企业财务状况、经营成果以及未来发展趋势的过程。财务分析可以反映企业在运营过程中的利弊得失和发展趋势，从而为改进企业财务管理工作和优化经济决策提供重要的财务信息。

不同主体出于不同的利益考虑，对财务分析信息有着各自不同的要求。

企业所有者作为投资人，关心其资本的保值和增值状况，因此较为重视企业盈利能力指标，主要进行企业盈利能力分析。

企业债权人因不能参与企业剩余收益分配，首先关注的是其投资的安全性，因此更重视企业偿债能力指标，主要进行企业偿债能力分析，同时关注企业盈利能力分析。

企业经营决策者必须对企业经营的各个方面，包括营运能力、偿债能力、盈利能力及发展能力的全部信息予以详尽的了解和掌握，主要进行各方面的综合分析，并关注企业财务风险和经营风险。

通过对财务指标的分析，可以判断企业的财务实力，可以评价和考核企业的经营业绩，可以寻求提高企业经营管理水平和经济效益的途径，可以评价企业的发展趋势。

二、财务分析的方法

（一）比较分析法

比较分析法是指对两个或两个以上有关的可比数据进行对比，找出企业财务状况、经营成果中的差异与问题。

根据比较对象的不同，比较分析法分为趋势分析法、横向比较法和预算差异分析法。趋势分析法的比较对象是本企业的历史数据；横向比较法的比较对象是同类企业的数据，比如行业平均水平或竞争对手的数据；预算差异分析法的比较对象是预算数据。

（二）比率分析法

比率分析法是通过计算各种比率指标来确定财务活动变动程度的方法。比率指标的类型主要有构成比率、效率比率（如成本利润率）和相关比率（如流动比率）三类。利用构成比率，可以考察总体中某个部分的形成和安排是否合理，比如，企业资产中流动资产、固定资产和无形资产占资产总额的百分比等。

（三）因素分析法

因素分析法是依据财务指标与其影响因素之间的关系，从数量上确定各因素对指标影响方向和影响程度的一种方法，主要包括连环替代法和差额分析法。比如，营业利润的影响因素是产品的销售单价、销售数量、销售成本、销售费用。

三、财务分析指标

（一）偿债能力分析

- 偿债能力分析
  - 短期偿债能力
    - 营运资金 = 流动资产 − 流动负债
    - 流动比率 = 流动资产 ÷ 流动负债
    - 速动比率 = 速动资产 ÷ 流动负债
    - 现金比率 =（货币资金 + 交易性金融资产）÷ 流动负债
  - 长期偿债能力
    - 资产负债率 = 负债总额 ÷ 资产总额 ×100%
    - 产权比率 = 负债总额 ÷ 所有者权益 ×100%
    - 权益乘数 = 资产总额 ÷ 所有者权益
    - 利息保障倍数 = 息税前利润 ÷ 全部利息费用

（二）营运能力分析

- 营运能力分析
  - 流动资产营运能力分析
    - 应收账款周转率 = 销售收入净额 ÷ 应收账款平均余额
    - 存货周转率 = 销售成本 ÷ 存货平均余额
    - 流动资产周转率 = 销售收入净额 ÷ 流动资产平均余额
  - 固定资产营运能力分析 → 固定资产周转率 = 销售收入净额 ÷ 固定资产平均净值
  - 总资产营运能力分析 → 总资产周转率 = 销售收入净额 ÷ 平均资产总额

（三）盈利能力分析

- 盈利能力分析
  - 销售毛利率 =（销售收入 − 销售成本）÷ 销售收入 ×100%
  - 销售净利率 = 净利润 ÷ 销售收入 ×100%
  - 总资产净利率 = 净利润 ÷ 平均总资产 ×100%= 销售净利率 × 总资产周转率
  - 净资产收益率 = 净利润 ÷ 平均所有者权益 ×100%= 总资产净利率 × 权益乘数

（四）发展能力分析

发展能力分析

- 销售收入增长率＝本年销售收入增长额 ÷ 上年销售收入 ×100%
- 总资产增长率＝本年总资产增长额 ÷ 年初资产总额 ×100%
- 营业利润增长率＝本年营业利润增长额 ÷ 上年营业利润总额 ×100%
- 资本保值增值率＝扣除客观因素后的期末所有者权益 ÷ 期初所有者权益 ×100%
- 资本积累率＝本年所有者权益增长额 ÷ 年初所有者权益 ×100%

（五）现金流量分析

现金流量分析

- 获取现金能力的分析
  - 销售现金比率＝经营活动现金流量净额 ÷ 销售收入
  - 每股营业现金净流量＝经营活动现金流量净额 ÷ 普通股股数
  - 全部资产现金回收率＝经营活动现金流量净额 ÷ 平均总资产
- 收益质量分析
  - 净收益营运指数=（净利润－非经营净收益）÷ 净利润
  - 现金营运指数＝经营活动现金流量净额 ÷（经营净收益＋非付现费用）

第六部分

纳税申报

纳税申报是指纳税人按照税法规定的期限和内容向主管税务机关提交有关纳税事项书面报告的法律行为，是纳税人履行纳税义务、承担法律责任的主要依据，是税务机关税收管理信息的主要来源和税务管理的一项重要制度。

一、核定税种

核定税种是指由主管公司的税务专管员根据公司的实际经营特点和经营范围，正确核定企业应纳税种（主要有增值税、企业所得税、个人所得税、城市维护建设税、教育费附加等）、税目。

新企业在取得统一社会信用代码之日起一个月内要到税务专管员处申请税种核定，对于半年之内仍未申请核定或已申请核定未购买发票的企业，税务部门有权将其列入非正常户，并处以行政处罚。

公司一旦和专管员核定税种成功，就要在第二个月上旬准备报税了。通常报税都是申报上一个月公司应缴纳的税款。

二、申报期限

（1）缴纳增值税的纳税人，以一个月为一期纳税的，于期满后十五日内申报；以一天、三天、五天、十天、十五天为一期纳税的，自期满之日起五日内预缴税款，于次月一日起十五日内申报并结算上月应纳税款。

（2）缴纳企业所得税的纳税人，应在月份或者季度终了后十五日内向其所在地主管税务机关办理预缴所得税申报。企业应当自年度终了之日起五个月内，向税务机关报送年度企业所得税纳税申报表，并汇算清缴，结清应缴应退税款。

（3）自行申报缴纳个人所得税的纳税人，应在纳税年度终了后三个月内向主管税务机关办理纳税申报；代扣代缴申报的，扣缴义务人每月所扣的税款，应当在次月七日内缴入国库，并向主管税务机关报送扣缴个人所得税报告表、代扣代收税款凭证和包括每一纳税人姓名、单位、职务、收入、税款等内容的支付个人收入明细表以及税务机关要求报送的其他有关资料。

（4）城市维护建设税、教育费附加，纳税人在申报增值税的同时进行申报。

（5）其他税种，税法已明确规定纳税申报期限的，按税法规定的期限申报；税法未明确规定纳税申报期限的，按主管国家税务机关根据具体情况确定的期限申报。

教学票样

中国银行
转账支票存根

61103897
00511258

附加信息

出票日期 2019年12月07日

收款人：九州远洋货物运输有限公司

金　额：3,000.00

用　途：运杂费

单位主管　　会计

九州市豫德实业有限责任公司·2019年印制

教学票样

中国银行
转账支票存根

61103897
00511259

附加信息

出票日期 2019年12月12日

收款人：九州仓山码头有限公司

金　额：9,280.00

用　途：港杂费

单位主管　　会计

九州市豫德实业有限责任公司·2019年印制

教学票样

中国银行
现金支票存根

30103611
00201969

附加信息

出票日期 2019年12月14日

收款人：宁天峰

金　额：5,000.00

用　途：预借差旅费

单位主管　　会计

九州市豫德实业有限责任公司·2019年印制

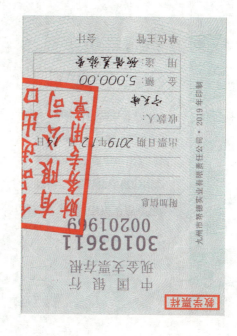

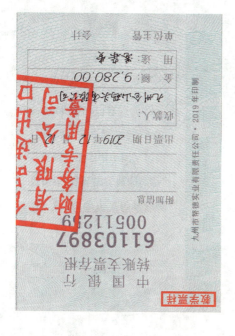

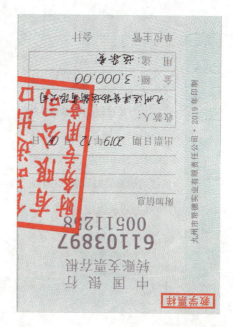

中国银行 BANK OF CHINA

外汇支款凭证

教学票样

签发日期 2019 年 12 月 02日

付款单位	全称	华问鑫亿食品进出口有限公司	收款单位	全称	Itat Co. , Ltd
	账号	101562451126		账号	IT18546612312372
	开户银行	中国银行九州河西分行		开户银行	CITIbank

支款货币及金额		亿	千	百	十	万	千	百	十	元	角	分
USD 3,000.00						$	3	0	0	0	0	0
牌价 703.00/100	人民币	亿	千	百	十	万	千	百	十	元	角	分
					¥	2	1	0	9	0	0	0

附言	预付进口打包机货款	借方科目＿＿＿＿ 贷方科目＿＿＿＿
银行信息	转讫	

（印章：中国银行股份有限公司 九州河西分行 业务专用章）

审核印鉴： 复核： 经办：陈晓 （单位预留印鉴）

教学票样

中国银行 BANK OF CHINA

中国银行网上电子回单
BOC Internet Banking Payment Advice

提交日期：2019/12/03 Submitting Date　交易日期：2019/12/03 Transaction Date　打印日期：2019/12/03 Printing Date

付款人 Payer	星辰光影日化有限公司		收款人 Beneficiary	华问鑫亿食品进出口有限公司	
付款账号 Debit A/C No.	621121010325117927		收款账号 Bene A/C No.	101510855673	
开户银行 Bank of Deposit	中国工商银行云天分行		开户银行 Bank of Deposit	中国银行九州河西分行	
金额 Amount	人民币元（大写）：（in uppercase） 捌拾万元整		人民币元（小写）：（in lowercase） 800,000.00		
转账批次号 Transfer Batch No.	3036576421	执行方式 Transfer Method	立即执行	网银交易序号 Transaction No.	7833631516
附言 Description	预付款				

（印章：中国银行 电子回单专用章）

教学票样

中国银行 BANK OF CHINA 中国银行网上电子回单
BOC Internet Banking Payment Advice

提交日期：2019/12/03 Submitting Date　交易日期：2019/12/03 Transaction Date　打印日期：2019/12/03 Printing Date

<table>
<tr><td>付款人
Payer</td><td colspan="2">华问鑫亿食品进出口有限公司</td><td>收款人
Beneficiary</td><td colspan="2">九州水业集团有限责任公司</td></tr>
<tr><td>付款账号
Debit A/C No.</td><td colspan="2">101510855673</td><td>收款账号
Bene A/C No.</td><td colspan="2">1501001026300010285</td></tr>
<tr><td>开户银行
Bank of Deposit</td><td colspan="2">中国银行九州河西分行</td><td>开户银行
Bank of Deposit</td><td colspan="2">中国工商银行高新支行</td></tr>
<tr><td>金额
Amount</td><td colspan="3">人民币元（大写）：（in uppercase） 肆佰贰拾陆元零肆分</td><td colspan="2">人民币元（小写）：（in lowercase） 426.04</td></tr>
<tr><td>转账批次号
Transfer Batch No.</td><td>3036576422</td><td>执行方式
Transfer Method</td><td>立即执行</td><td>网银交易序号
Transaction No.</td><td>7833631517</td></tr>
<tr><td>附言
Description</td><td colspan="5">水费　　中国银行 电子回单专用章</td></tr>
</table>

教学票样

中国银行 BANK OF CHINA 中国银行网上电子回单
BOC Internet Banking Payment Advice

提交日期：2019/12/03 Submitting Date　交易日期：2019/12/03 Transaction Date　打印日期：2019/12/03 Printing Date

<table>
<tr><td>付款人
Payer</td><td colspan="2">华问鑫亿食品进出口有限公司</td><td>收款人
Beneficiary</td><td colspan="2">国家电网九州供电总公司</td></tr>
<tr><td>付款账号
Debit A/C No.</td><td colspan="2">101510855673</td><td>收款账号
Bene A/C No.</td><td colspan="2">1501001119300082012</td></tr>
<tr><td>开户银行
Bank of Deposit</td><td colspan="2">中国银行九州河西分行</td><td>开户银行
Bank of Deposit</td><td colspan="2">中国工商银行高新支行</td></tr>
<tr><td>金额
Amount</td><td colspan="3">人民币元（大写）：（in uppercase） 叁仟捌佰叁拾肆元肆角</td><td colspan="2">人民币元（小写）：（in lowercase） 3,834.40</td></tr>
<tr><td>转账批次号
Transfer Batch No.</td><td>3036576423</td><td>执行方式
Transfer Method</td><td>立即执行</td><td>网银交易序号
Transaction No.</td><td>7833631518</td></tr>
<tr><td>附言
Description</td><td colspan="5">电费　　中国银行 电子回单专用章</td></tr>
</table>

教学票样

中国银行 BANK OF CHINA 中国银行网上电子回单
BOC Internet Banking Payment Advice

提交日期：2019/12/05 Submitting Date　交易日期：2019/12/05 Transaction Date　打印日期：2019/12/05 Printing Date

付款人 Payer	华问鑫亿食品进出口有限公司		收款人 Beneficiary	武汉华益食品有限公司	
付款账号 Debit A/C No.	101510855673		收款账号 Bene A/C No.	112052137546	
开户银行 Bank of Deposit	中国银行九州河西分行		开户银行 Bank of Deposit	中国银行江兴支行	
金额 Amount	人民币元（大写）：(in uppercase) 贰万零叁佰肆拾元整			人民币元（小写）：(in lowercase) 20,340.00	
转账批次号 Transfer Batch No.	3036576435	执行方式 Transfer Method	立即执行	网银交易序号 Transaction No.	7833631587
附言 Description	样展品				

中国银行 电子回单专用章

教学票样

中国银行 BANK OF CHINA 中国银行网上电子回单
BOC Internet Banking Payment Advice

提交日期：2019/12/06 Submitting Date　交易日期：2019/12/06 Transaction Date　打印日期：2019/12/06 Printing Date

付款人 Payer	河西区财政支库		收款人 Beneficiary	华问鑫亿食品进出口有限公司	
付款账号 Debit A/C No.	42060110626520211100711071		收款账号 Bene A/C No.	101510855673	
开户银行 Bank of Deposit	中国银行九州河西分行		开户银行 Bank of Deposit	中国银行九州河西分行	
金额 Amount	人民币元（大写）：(in uppercase) 玖万陆仟肆佰柒拾叁元			人民币元（小写）：(in lowercase) 96,473.00	
转账批次号 Transfer Batch No.	3136575231	执行方式 Transfer Method	立即执行	网银交易序号 Transaction No.	1233632596
附言 Description	退税				

中国银行 电子回单专用章

中国银行 BANK OF CHINA

外汇支款凭证

教学票样

签发日期 2019年12月07日

付款单位	全称	华问鑫亿食品进出口有限公司	收款单位	全称	华问鑫亿食品进出口有限公司											
	账号	101510855673		账号	101562451126											
	开户银行	中国银行九州河西分行		开户银行	中国银行九州河西分行											
支款货币及金额						亿	千	百	十	万	千	百	十	元	角	分
USD 10,000.00									$	1	0	0	0	0	0	0
牌价	704.00/100	人民币				亿	千	百	十	万	千	百	十	元	角	分
									¥	7	0	4	0	0	0	0
附言	转信用证保证金			借方科目________ 贷方科目________												
银行信息	转讫															

中国银行股份有限公司 九州河西分行 业务专用章

审核印鉴： 复核： 经办：陈晓 （单位预留印鉴）

中国银行 BANK OF CHINA

外汇支款凭证

教学票样

签发日期 2019年12月10日

付款单位	全称	华问鑫亿食品进出口有限公司	收款单位	全称	九州顺达国际代运代理有限公司											
	账号	101562451126		账号	100163581213											
	开户银行	中国银行九州河西分行		开户银行	中国银行和顺路支行											
支款货币及金额						亿	千	百	十	万	千	百	十	元	角	分
USD 160.00											$	1	6	0	0	0
牌价	702.00/100	人民币				亿	千	百	十	万	千	百	十	元	角	分
										¥	1	1	2	3	2	0
附言	海运费			借方科目________ 贷方科目________												
银行信息	转讫															

中国银行股份有限公司 九州河西分行 业务专用章

审核印鉴： 复核： 经办：陈晓 （单位预留印鉴）

外汇支款凭证

中国银行 BANK OF CHINA

教学票样

签发日期 2019年12月10日

付款单位		收款单位	
全称	华问鑫亿食品进出口有限公司	全称	九州顺达国际代运代理有限公司
账号	101562451126	账号	100163581213
开户银行	中国银行九州河西分行	开户银行	中国银行和顺路支行

			亿	千	百	十	万	千	百	十	元	角	分
支款货币及金额													
USD 120.50								$	1	2	0	5	0
牌价	702.00/100	人民币	亿	千	百	十	万	千	百	十	元	角	分
								¥	8	4	5	9	1
附言	保险费		借方科目______ 贷方科目______										
银行信息	转讫												

中国银行股份有限公司 九州河西分行 业务专用章

审核印鉴： 复核： 经办：陈晓 （单位预留印鉴）

CREDIT ADVICE

贷记通知

中国银行 BANK OF CHINA

教学票样

To：

致：

DATE：

日期：2019/12/10

REMITTER：

汇款人：Start Co.，Ltd

REMITTING BANK

汇出行：Bank of America

PAYEE：

收款人：华问鑫亿食品进出口有限公司

PAYING BANK：

汇入行：Bank of China Jiuzhouhexi Branch

WITH REFERANCE TO THE CAPTIONED ITEMS.PLEASE BE ADVISED THAT WE HAVE TODAY CREDITED YOUR ACCOUT No.101562451126 WITH THE FOLLOWING AMOUNT PAYMENT UNDER THE LC ABOVE MENTIONED.

我行已于今日将上述业务下列金额贷记你司第101562451126 号账户。

INWARD REMITTANCE：

汇款金额：USD 129,600.00

汇率：701.00/100

手续费：USD 162.00

汇款附言：货款

BANK OF CHINA JIUZHOUHEXI BRANCH

中国银行九州河西分行

中国银行股份有限公司 九州河西分行 业务专用章

银行签章

中国银行 BANK OF CHINA

外汇支款凭证

教学票样

签发日期 2019 年 12 月 10 日

付款单位	全称	华问鑫亿食品进出口有限公司	收款单位	全称	Edward Adam Davis										
	账号	101562451126		账号	108123456										
	开户银行	中国银行九州河西分行		开户银行	Bank of America										
支款货币及金额					亿	千	百	十	万	千	百	十	元	角	分
USD 2,592.00									$	2	5	9	2	0	0
牌价	701.00/100	人民币			亿	千	百	十	万	千	百	十	元	角	分
								¥	1	8	1	6	9	9	2
附言	支付国外佣金		借方科目________ 贷方科目________												
银行信息		转讫													

中国银行股份有限公司 九州河西分行 业务专用章

审核印鉴： 复核： 经办：陈晓 （单位预留印鉴）

中国银行 BANK OF CHINA

外汇支款凭证

教学票样

签发日期 2019 年 12 月 12 日

付款单位	全称	华问鑫亿食品进出口有限公司	收款单位	全称	九州顺达国际代运代理有限公司										
	账号	101562451126		账号	100163581213										
	开户银行	中国银行九州河西分行		开户银行	中国银行和顺路支行										
支款货币及金额					亿	千	百	十	万	千	百	十	元	角	分
USD 50,000.00								$	5	0	0	0	0	0	0
牌价	703.00/100	人民币			亿	千	百	十	万	千	百	十	元	角	分
							¥	3	5	1	5	0	0	0	0
附言	代理运保费		借方科目________ 贷方科目________												
银行信息		转讫													

中国银行股份有限公司 九州河西分行 业务专用章

审核印鉴： 复核： 经办：陈晓 （单位预留印鉴）

教学票样

中国银行 BANK OF CHINA 中国银行网上电子回单
BOC Internet Banking Payment Advice

提交日期：2019/12/12 Submitting Date　交易日期：2019/12/12 Transaction Date　打印日期：2019/12/12 Printing Date

付款人 Payer	华问鑫亿食品进出口有限公司		收款人 Beneficiary	中国电信股份有限公司九州分公司	
付款账号 Debit A/C No.	101510855673		收款账号 Bene A/C No.	622102131452	
开户银行 Bank of Deposit	中国银行九州河西分行		开户银行 Bank of Deposit	中国银行东湖区支行	
金额 Amount	人民币元（大写）（in uppercase）：贰仟陆佰贰拾元整		人民币元（小写）（in lowercase）：2,620.00		
转账批次号 Transfer Batch No.	3036576485	执行方式 Transfer Method	立即执行	网银交易序号 Transaction No.	7833631520
附言 Description	电话费				

中国银行 电子回单专用章

中国银行 BANK OF CHINA

外汇支款凭证

教学票样

签发日期 2019年12月15日

付款单位	全称	华问鑫亿食品进出口有限公司	收款单位	全称	Angel Co., Ltd										
	账号	101562451126		账号	IT18541258794656										
	开户银行	中国银行九州河西分行		开户银行	Banque Nationale de Paris										
支款货币及金额				亿	千	百	十	万	千	百	十	元	角	分	
USD 50,000.00							$	5	0	0	0	0	0	0	
牌价	704.00/100	人民币		亿	千	百	十	万	千	百	十	元	角	分	
						¥	3	5	2	0	0	0	0	0	
附言	代理进口货款			借方科目＿＿＿＿ 贷方科目＿＿＿＿											
银行信息	转讫														

中国银行股份有限公司 九州河西分行 业务专用章

审核印鉴：　复核：　经办：陈晓　（单位预留印鉴）

教学票样

中国银行 BANK OF CHINA 中国银行网上电子回单
BOC Internet Banking Payment Advice

提交日期：2019/12/15 Submitting Date　　交易日期：2019/12/15 Transaction Date　　打印日期：2019/12/15 Printing Date

付款人 Payer	华问鑫亿食品进出口有限公司		收款人 Beneficiary	中国银行九州河西分行	
付款账号 Debit A/C No.	101510855673		收款账号 Bene A/C No.		
开户银行 Bank of Deposit	中国银行九州河西分行		开户银行 Bank of Deposit	中国银行九州河西分行	
金额 Amount	人民币元（大写）(in uppercase)：壹拾贰万伍仟贰佰壹拾肆元零肆分			人民币元（小写）(in lowercase)：	125,214.04
转账批次号 Transfer Batch No.	3036576496	执行方式 Transfer Method	立即执行	网银交易序号 Transaction No.	7833631628
附言 Description	代发工资			中国银行 电子回单专用章	

教学票样

中国银行 BANK OF CHINA 中国银行网上电子回单
BOC Internet Banking Payment Advice

提交日期：2019/12/16 Submitting Date　　交易日期：2019/12/16 Transaction Date　　打印日期：2019/12/16 Printing Date

付款人 Payer	华问鑫亿食品进出口有限公司		收款人 Beneficiary	河西区住房公积金管理中心	
付款账号 Debit A/C No.	101510855673		收款账号 Bene A/C No.	1107110209024604186	
开户银行 Bank of Deposit	中国银行九州河西分行		开户银行 Bank of Deposit	中国银行九州河西分行	
金额 Amount	人民币元（大写）(in uppercase)：贰万伍仟壹佰贰拾元整			人民币元（小写）(in lowercase)：	25,120.00
转账批次号 Transfer Batch No.	3036576601	执行方式 Transfer Method	立即执行	网银交易序号 Transaction No.	7833631936
附言 Description	缴纳住房公积金			中国银行 电子回单专用章	

教学票样

中国银行 BANK OF CHINA

中国银行网上电子回单
BOC Internet Banking Payment Advice

提交日期：2019/12/17 Submitting Date　　交易日期：2019/12/17 Transaction Date　　打印日期：2019/12/17 Printing Date

付款人 Payer	宏发食品有限公司	收款人 Beneficiary	华问鑫亿食品进出口有限公司
付款账号 Debit A/C No.	15833662275213098257	收款账号 Bene A/C No.	101510855673
开户银行 Bank of Deposit	中国建设银行云天分行	开户银行 Bank of Deposit	中国银行九州河西分行
金额 Amount	人民币元（大写）：(in uppercase) 拾万元整	人民币元（小写）：(in lowercase)	100,000.00
转账批次号 Transfer Batch No.	3036576682	执行方式 Transfer Method 立即执行	网银交易序号 Transaction No. 7833632130
附言 Description	货款		中国银行 电子回单专用章

中国银行 BANK OF CHINA

外汇支款凭证

教学票样

签发日期 2019年12月17日

付款单位	全称	华问鑫亿食品进出口有限公司	收款单位 全称	九州顺达国际代运代理有限公司
	账号	101562451126	账号	100163581213
	开户银行	中国银行九州河西分行	开户银行	中国银行和顺路支行

		亿	千	百	十	万	千	百	十	元	角	分
支款货币及金额												
USD 2,509.00						$	2	5	0	9	0	0
牌价 703.00/100	人民币	亿	千	百	十	万	千	百	十	元	角	分
					¥	1	7	6	3	8	2	7

附言	支付运保费	借方科目________ 贷方科目________
银行信息	中国银行股份有限公司 九州河西分行 业务专用章 转讫	

审核印鉴：　　复核：　　经办：陈晓　　（单位预留印鉴）

中国银行 BANK OF CHINA

CREDIT ADVICE

贷记通知

教学票样

To：　　　　　　　　　　DATE：

致：　　　　　　　　　　日期：2019/12/18

REMITTER：	PAYEE：
汇款人：Future Co.，Ltd	收款人：华问鑫亿食品进出口有限公司
REMITTING BANK	PAYING BANK：
汇出行：The Royal Bank of Scotland	汇入行：Bank of China Jiuzhouhexi Branch

WITH REFERANCE TO THE CAPTIONED ITEMS.PLEASE BE ADVISED THAT WE HAVE TODAY CREDITED YOUR ACCOUT No.101562451126 WITH THE FOLLOWING AMOUNT PAYMENT UNDER THE LC ABOVE MENTIONED.

我行已于今日将上述业务下列金额贷记你司第101562451126 号账户。

INWARD REMITTANCE：

汇款金额：USD 56,683.20

汇率：	手续费：	汇款附言：
701.00/100	USD 70.80	货款

BANK OF CHINA JIUZHOUHEXI BRANCH

中国银行九州河西分行

（印章：中国银行股份有限公司 九州河西分行 业务专用章）

银行签章

中国银行 BANK OF CHINA

中国银行股份有限公司机构外汇活期转账/结汇凭条

教学票样

日期：2019/12/18

收款人账号：101510855673	**付款人账号**：
收款人名称：华问鑫亿食品进出口有限公司	**付款人名称**：
收款人开户行：中国银行九州河西分行	**付款人开户行**：

金额：CNY 396,852.92

人民币叁拾玖万陆仟捌佰伍拾贰元玖角贰分

业务种类：外汇买卖　　业务编号：8816908075　　凭证号码：

用途：无折存款贷记交易

备注：USD/CNY：7.01；880628677941

附言：

如您已通过银行网点取得相应纸质回单，请注意核对，勿重复记账！

交易机构：00008　交易渠道：柜台　交易流水号：67050710-119　经办：

（印章：中国银行股份有限公司 九州河西分行 业务专用章）

回单编号：2019121850246757　回单验证码：24212PCY8QRP　打印时间：　打印次数：　次

中国银行 BANK OF CHINA

外汇支款凭证

教学票样

签发日期 2019 年 12 月 19日

付款单位	全　　称	华问鑫亿食品进出口有限公司	收款单位	全　　称	Itat Co., Ltd
	账　　号	101562451126		账　　号	IT18546612312372
	开 户 银 行	中国银行九州河西分行		开 户 银 行	CITIbank

支款货币及金额	亿	千	百	十	万	千	百	十	元	角	分
USD 3,000.00					$	3	0	0	0	0	0

牌价	703.00/100	人民币	亿	千	百	十	万	千	百	十	元	角	分
						¥	2	1	0	9	0	0	0

附言	付进口打包机尾款	借方科目________ 贷方科目________
银行信息	转讫	

中国银行股份有限公司
九州河西分行
业务专用章

审核印鉴：　　复核：　　经办：陈晓　　（单位预留印鉴）

教学票样

中国银行 BANK OF CHINA 中国银行网上电子回单 BOC Internet Banking Payment Advice

提交日期：2019/12/20 Submitting Date　　交易日期：2019/12/20 Transaction Date　　打印日期：2019/12/20 Printing Date

付款人 Payer	华问鑫亿食品进出口有限公司	收款人 Beneficiary	中央金库
付款账号 Debit A/C No.	101510855673	收款账号 Bene A/C No.	
开户银行 Bank of Deposit	中国银行九州河西分行	开户银行 Bank of Deposit	中国银行九州河西分行
金额 Amount	人民币元（大写）(in uppercase)：壹万伍仟肆佰伍拾贰元壹角玖分		人民币元（小写）(in lowercase)：15,452.19

转账批次号 Transfer Batch No.	3036576610	执行方式 Transfer Method	立即执行	网银交易序号 Transaction No.	7833631948
附言 Description	缴纳进口关税				

中国银行
电子回单专用章

教学票样

中国银行 BANK OF CHINA 中国银行网上电子回单
BOC Internet Banking Payment Advice

提交日期：2019/12/20 Submitting Date　交易日期：2019/12/20 Transaction Date　打印日期：2019/12/20 Printing Date

付款人 Payer	华问鑫亿食品进出口有限公司		收款人 Beneficiary	中央金库	
付款账号 Debit A/C No.	101510855673		收款账号 Bene A/C No.		
开户银行 Bank of Deposit	中国银行九州河西分行		开户银行 Bank of Deposit	中国银行九州河西分行	
金额 Amount	人民币元（大写）(in uppercase)：柒仟柒佰肆拾捌元壹角柒分			人民币元（小写）(in lowercase)：7,748.17	
转账批次号 Transfer Batch No.	3036576611	执行方式 Transfer Method	立即执行	网银交易序号 Transaction No.	7833631949
附言 Description	缴纳进口增值税			中国银行 电子回单专用章	

教学票样

中国银行 BANK OF CHINA 中国银行网上电子回单
BOC Internet Banking Payment Advice

提交日期：2019/12/21 Submitting Date　交易日期：2019/12/21 Transaction Date　打印日期：2019/12/21 Printing Date

付款人 Payer	华问鑫亿食品进出口有限公司		收款人 Beneficiary	中央金库	
付款账号 Debit A/C No.	101510855673		收款账号 Bene A/C No.		
开户银行 Bank of Deposit	中国银行九州河西分行		开户银行 Bank of Deposit	中国银行九州河西分行	
金额 Amount	人民币元（大写）(in uppercase)：肆万叁仟陆佰陆拾柒元柒角壹分			人民币元（小写）(in lowercase)：43,667.71	
转账批次号 Transfer Batch No.	3036576625	执行方式 Transfer Method	立即执行	网银交易序号 Transaction No.	7833631969
附言 Description	缴纳进口关税			中国银行 电子回单专用章	

教学票样

中国银行 BANK OF CHINA **中国银行网上电子回单**
BOC Internet Banking Payment Advice

提交日期：2019/12/21　　交易日期：2019/12/21　　打印日期：2019/12/21
Submitting Date　　Transaction Date　　Printing Date

付款人 Payer	华问鑫亿食品进出口有限公司		收款人 Beneficiary	中央金库	
付款账号 Debit A/C No.	101510855673		收款账号 Bene A/C No.		
开户银行 Bank of Deposit	中国银行九州河西分行		开户银行 Bank of Deposit	中国银行九州河西分行	
金额 Amount	人民币元（大写）(in uppercase)：柒万叁仟肆佰陆拾肆元伍角			人民币元（小写）(in lowercase)：	73,464.50
转账批次号 Transfer Batch No.	3036576626	执行方式 Transfer Method	立即执行	网银交易序号 Transaction No.	7833631970
附言 Description	缴纳进口增值税			中国银行 电子回单专用章	

- -

教学票样

中国银行 BANK OF CHINA **中国银行网上电子回单**
BOC Internet Banking Payment Advice

提交日期：2019/12/21　　交易日期：2019/12/21　　打印日期：2019/12/21
Submitting Date　　Transaction Date　　Printing Date

付款人 Payer	华问鑫亿食品进出口有限公司		收款人 Beneficiary	中央金库	
付款账号 Debit A/C No.	101510855673		收款账号 Bene A/C No.		
开户银行 Bank of Deposit	中国银行九州河西分行		开户银行 Bank of Deposit	中国银行九州河西分行	
金额 Amount	人民币元（大写）(in uppercase)：捌万肆仟柒佰陆拾陆元柒角叁分			人民币元（小写）(in lowercase)：	84,766.73
转账批次号 Transfer Batch No.	3036576627	执行方式 Transfer Method	立即执行	网银交易序号 Transaction No.	7833631971
附言 Description	缴纳进口消费税			中国银行 电子回单专用章	

教学票样

中国银行 BANK OF CHINA

中国银行网上电子回单
BOC Internet Banking Payment Advice

提交日期：2019/12/22 Submitting Date　交易日期：2019/12/22 Transaction Date　打印日期：2019/12/22 Printing Date

付款人 Payer	华问鑫亿食品进出口有限公司		收款人 Beneficiary	星辰光影日化有限公司	
付款账号 Debit A/C No.	101510855673		收款账号 Bene A/C No.	621121010325117927	
开户银行 Bank of Deposit	中国银行九州河西分行		开户银行 Bank of Deposit	中国工商银行云天分行	
金额 Amount	人民币元（大写）：(in uppercase) 壹拾伍万贰仟壹佰陆拾陆元叁角玖分			人民币元（小写）：(in lowercase) 152,166.39	
转账批次号 Transfer Batch No.	3036576668	执行方式 Transfer Method	立即执行	网银交易序号 Transaction No.	7833631992
附言 Description	代理进口结算返款			中国银行 电子回单专用章	

中国银行 BANK OF CHINA

CREDIT ADVICE
贷记通知

教学票样

To：　DATE：

致：　日期：2019/12/24

REMITTER：　PAYEE：

汇款人：NANA Co.，Ltd　收款人：华问鑫亿食品进出口有限公司

REMITTING BANK　PAYING BANK：

汇出行：Bank of America　汇入行：Bank of China Jiuzhouhexi Branch

WITH REFERANCE TO THE CAPTIONED ITEMS.PLEASE BE ADVISED THAT WE HAVE TODAY CREDITED YOUR ACCOUT No.101562451126 WITH THE FOLLOWING AMOUNT PAYMENT UNDER THE LC ABOVE MENTIONED.

我行已于今日将上述业务下列金额贷记你司第101562451126 号账户。

INWARD REMITTANCE：

汇款金额：USD 1,160,000.00

汇率：703.00/100　手续费：USD 348.00　汇款附言：货款

BANK OF CHINA JIUZHOUHEXI BRANCH

中国银行九州河西分行

中国银行股份有限公司 九州河西分行 业务专用章

银行签章

教学票样

中国银行股份有限公司机构外汇活期转账/结汇凭条

中国银行 BANK OF CHINA

日期：2019/12/24

收款人账号：101510855673	**付款人账号**：
收款人名称：华问鑫亿食品进出口有限公司	**付款人名称**：
收款人开户行：中国银行九州河西分行	**付款人开户行**：

金额：CNY 8,152,353.56

人民币捌佰壹拾伍万贰仟叁佰伍拾叁元伍角陆分

业务种类：外汇买卖　　业务编号：8816908075　　凭证号码：

用途：无折存款贷记交易

备注：USD/CNY：7.03；880628677941

附言：

如您已通过银行网点取得相应纸质回单，请注意核对，勿重复记账！

交易机构：00008　交易渠道：柜台　交易流水号：67050710-205　经办：

回单编号：2019122450246812　回单验证码：24111PCY6QRP　打印时间：　打印次数：　次

中国银行股份有限公司 九州河西分行 业务专用章

教学票样

外汇支款凭证

中国银行 BANK OF CHINA

签发日期 2019 年 12 月 24日

付款单位	全　称	华问鑫亿食品进出口有限公司	收款单位	全　称	ohn Wilson, Junior
	账　号	101562451126		账　号	108123489
	开户银行	中国银行九州河西分行		开户银行	Bank of America

支款货币及金额	亿	千	百	十	万	千	百	十	元	角	分
USD 23,200.00				$	2	3	2	0	0	0	0
牌价 703.00/100　人民币	亿	千	百	十	万	千	百	十	元	角	分
			¥	1	6	3	0	9	6	0	0

附言	支付国外佣金
	借方科目＿＿＿＿ 贷方科目＿＿＿＿
银行信息	转讫

中国银行股份有限公司 九州河西分行 业务专用章

审核印鉴：　　复核：　　经办：陈晓　　（单位预留印鉴）

教学票样

中国银行网上电子回单
BOC Internet Banking Payment Advice

提交日期：2019/12/26 Submitting Date　　交易日期：2019/12/26 Transaction Date　　打印日期：2019/12/26 Printing Date

付款人 Payer	华问鑫亿食品进出口有限公司		收款人 Beneficiary	九州清河酒饮有限公司	
付款账号 Debit A/C No.	101510855673		收款账号 Bene A/C No.	624130010855617325	
开户银行 Bank of Deposit	中国银行九州河西分行		开户银行 Bank of Deposit	中国工商银行云天分行	
金额 Amount	人民币元（大写）(in uppercase)：柒佰叁拾叁万肆仟叁佰伍拾肆元玖角贰分			人民币元（小写）(in lowercase)：7,334,354.92	
转账批次号 Transfer Batch No.	3036576690	执行方式 Transfer Method	立即执行	网银交易序号 Transaction No.	7833632112
附言 Description	代理出口结算返款				

中国银行 电子回单专用章

教学票样

中国银行网上电子回单
BOC Internet Banking Payment Advice

提交日期：2019/12/31 Submitting Date　　交易日期：2019/12/31 Transaction Date　　打印日期：2019/12/31 Printing Date

付款人 Payer	华问鑫亿食品进出口有限公司		收款人 Beneficiary	九州山河置业有限责任公司	
付款账号 Debit A/C No.	101510855673		收款账号 Bene A/C No.	101526181314	
开户银行 Bank of Deposit	中国银行九州河西分行		开户银行 Bank of Deposit	中国银行九州河西分行	
金额 Amount	人民币元（大写）(in uppercase)：壹万伍仟肆佰元整			人民币元（小写）(in lowercase)：15,400.00	
转账批次号 Transfer Batch No.	3037576623	执行方式 Transfer Method	立即执行	网银交易序号 Transaction No.	8831632012
附言 Description	支付租金				

中国银行 电子回单专用章

教学票样

中国银行 BANK OF CHINA 中国银行网上电子回单 BOC Internet Banking Payment Advice

提交日期：2019/12/31 Submitting Date　　交易日期：2019/12/31 Transaction Date　　打印日期：2019/12/31 Printing Date

付款人 Payer	华问鑫亿食品进出口有限公司		收款人 Beneficiary	柯琪琪	
付款账号 Debit A/C No.	101510855673		收款账号 Bene A/C No.	1021101011981091812	
开户银行 Bank of Deposit	中国银行九州河西分行		开户银行 Bank of Deposit	中国银行九州河西分行	
金额 Amount	人民币元（大写）：(in uppercase) 陆仟柒佰捌拾肆元捌角			人民币元（小写）：(in lowercase) 6,784.8	
转账批次号 Transfer Batch No.	3036576495	执行方式 Transfer Method	立即执行	网银交易序号 Transaction No.	9833631511
附言 Description	员工报销			中国银行 电子回单专用章	

教学票样

借款单

借款日期：2019年 12 月 14 日　　部门 采购部

借款人：宁天峰	借款事由：出差日本
借款金额：（大写）伍仟元整	小写：¥5000元
领导审批：王晓华	借款人签名：宁天峰

教学票样

华问鑫亿食品进出口有限公司 代理进口货款结算清单

日期： 2019 年 12 月 22 日

委托单位： 星辰光影日化有限公司

委托进口合同号码：　　　　进口合同号：

结算内容	外币金额（美元）	汇率	折合人民币（元）
预收货款			800,000.00
减：货值（FOB）	$60,000.00	7.04	422,400.00
国外运费	$2,028.00	7.04	14,277.12
国外保险费			
货值（CIF）	$62,028.00		436,677.12
进口关税			43,667.71
进口增值税			73,464.50
进口消费税			84,766.73
代理手续费			8,733.54
手续费销项税			524.01
减项合计			647,833.61
应结算净额			152,166.39

主管：陈萍　　经办人：罗子琪　　公司财务章：华问鑫亿食品进出口有限公司财务专用章

教学票样

华问鑫亿食品进出口有限公司 代理出口结算清单

委托客户	九州清河酒饮有限公司				
委托出口合同号		出口合同号		结算日期	2019-12-26
销售金额	出口成交额		外币	汇率	人民币
			USD 1,160,000.00	7.00	8,120,000.00
减：扣除费用	1.出口运保费		USD 50,000.00	7.03	351,500.00
	2.国内港杂费				9,280.00
	3.外贸代理手续费3%，增值税税率6%				259,322.64
	4.结汇银行手续费		USD 348.00	7.03	2,446.44
	5.国外佣金		USD 23,200.00	7.03	163,096.00
	扣除费用合计				785,645.08
实际划拨净额					7,334,354.92

（印章：华问鑫亿食品进出口有限公司财务专用章）

主管：陈苹　　经办人：罗子琪　　公司结算章：

教学票样

华问鑫亿食品进出口有限公司

入库单

入库单号：19120201　入库日期：2019-12-02　入库类型：采购入库　部　门：采购部

供应商名称：武汉华益食品有限公司　仓库名称：保鲜库　备　注：

发票号码	编　码	存货名称	型号规格	单位	数　量	不含税价	金　额
	101001	小龙虾罐头	A级	罐	2400.00	40.00	96,000.00
	101002	小龙虾罐头	B级	罐	2400.00	50.00	120,000.00
	101003	小龙虾罐头	C级	罐	2400.00	60.00	144,000.00
合　计					7200.00		360,000.00

华问鑫亿食品进出口有限公司 收发专用章

记　账：　复　核：刘怀安　仓库保管：史淑云　采购员：吴大伟

教学票样

华问鑫亿食品进出口有限公司

入库单

入库单号：19120202　入库日期：2019-12-02　入库类型：采购入库　部　门：采购部

供应商名称：武汉华益食品有限公司　仓库名称：冷冻库　备　注：

发票号码	编　码	存货名称	型号规格	单位	数　量	不含税价	金　额
	102001	速冻水饺	250g	包	2400.00	30.00	72,000.00
	102002	速冻水饺	500g	包	2400.00	40.00	96,000.00
	102003	速冻水饺	1000g	包	2400.00	50.00	120,000.00
合　计					7200.00		288,000.00

华问鑫亿食品进出口有限公司 收发专用章

记　账：　复　核：刘怀安　仓库保管：史淑云　采购员：吴大伟

教学票样

华问鑫亿食品进出口有限公司

入库单

入库单号：19120203　入库日期：2019-12-05　入库类型：采购入库　部　门：采购部

供应商名称：武汉华益食品有限公司　仓库名称：保鲜库　备　注：

发票号码	编　码	存货名称	型号规格	单位	数　量	不含税价	金　额
	101001	小龙虾罐头	A级	罐	120.00	40.00	4,800.00
	101002	小龙虾罐头	B级	罐	120.00	50.00	6,000.00
	101003	小龙虾罐头	C级	罐	120.00	60.00	7,200.00
合　计					360.00		18,000.00

记　账：　复　核：刘怀安　仓库保管：史淑云　采购员：吴大伟

华问鑫亿食品进出口有限公司收发专用章

教学票样

华问鑫亿食品进出口有限公司

销售出库单

客户名称　Start Co. , Ltd　出库日期　2019-12-6　出库单号　29120601

出库类型　销售出库　部门　销售部　仓库名称　保鲜库

编码	商品名称	型号规格	单位	实发数量	出库成本	
					单位成本	总成本
101001	小龙虾罐头	A级	罐	3600.00	40.00	144000.00
101002	小龙虾罐头	B级	罐	2400.00	50.00	120000.00
101003	小龙虾罐头	C级	罐	2880.00	60.00	172800.00
			合计	8880.00		436800.00

记账　复核　刘怀安　仓库保管　史淑云

华问鑫亿食品进出口有限公司收发专用章

教学票样

华问鑫亿食品进出口有限公司

销售出库单

客户名称 样展品　　出库日期 2019-12-6　　出库单号 29120602
出库类型 销售出库　　部门 销售部　　仓库名称 保鲜库

编码	商品名称	型号规格	单位	实发数量	出库成本	
					单位成本	总成本
101001	小龙虾罐头	A级	罐	120.00	40.00	4800.00
101002	小龙虾罐头	B级	罐	120.00	50.00	6000.00
101003	小龙虾罐头	C级	罐	120.00	60.00	7200.00
合计				360.00		18000.00

收发专用章 华问鑫亿食品进出口有限公司

记账　　复核 刘怀安　　仓库保管 史淑云

教学票样

华问鑫亿食品进出口有限公司

入库单

入库单号：19120204　入库日期：2019-12-11　入库类型：代理入库　部　门：采购部
供应商名称：九州清河酒饮有限公司　仓库名称：保鲜库　备　注：

发票号码	编　码	存货名称	型号规格	单位	数　量	不含税价	金　　额
	201001	青岛啤酒	500ml*12	箱	81,200.00		
合　计					81,200.00		

收发专用章 华问鑫亿食品进出口有限公司

记　账：　　复　核：刘怀安　　仓库保管：史淑云　　采购员：吴大伟

教学票样

华问鑫亿食品进出口有限公司

销售出库单

客户名称	Future Co. , Ltd	出库日期	2019-12-13	出库单号	29120603
出库类型	销售出库	部门	销售部	仓库名称	冷冻库

编码	商品名称	型号规格	单位	实发数量	出库成本	
					单位成本	总成本
102001	速冻水饺	250g	包	2400.00	30.00	72000.00
102002	速冻水饺	500g	包	2880.00	40.00	115200.00
102003	速冻水饺	1000g	包	1920.00	50.00	96000.00
	合计			7200.00		283200.00

记账　　复核　刘怀安　　仓库保管　史淑云

教学票样 NO. 000985

固定资产验收单

日期：2019-12-23

设备名称	打包机		型号	WH-20/30	设备编号	020002
送货发票号			设备类别	机器设备	汇率	
制造商	意大利itat		外币金额		人民币金额	
使用部门	储运部				¥60,151.30	
安装地点	九州	制造编号			制造日期	
使用日期	2019-12-23	使用年限	10年	重量		电机
附属配件						

主管：刘怀安　　领用部门：储运部　　验收人：史淑云　　制单人：洪玲奇

教学票样

九州市电子税务局电子缴款凭证

税务管理机构：国家税务总局九州市税务局　　打印日期：2019-12-05　　凭证编号：

纳税人识别号	91621300250502013K		银行账号	101510855673
纳税人名称	华问鑫亿食品进出口有限公司		缴款日期	2019-12-05
系统税票号	税种	税目	所属时期	实缴金额
201110200004682249	个人所得税	工资、薪金	2019-11-01至2019-11-30	2,740.96
金额总计	（大写）贰仟柒佰肆拾元玖角陆分			¥2,740.96
本缴款凭证仅作为纳税人记账核算凭证，电子缴税的，需与银行对账单电子划缴记录核对一致方有效，纳税人如需汇总开具正式完税证明，请凭税务登记证或身份证明到主管税务机关开具 第 1 次打印				国家税务总局九州市税务局 税收专用业务章

教学票样

费用报销单

报销部门：行财部　　　　2019 年 12 月 14 日　　　　单据及附件共 1 页

报销项目	摘要	十	万	千	百	十	元	角	分	备注	
招待费	客户的住宿费			2	5	0	0	0	0		
										领导审批	王一鸣14/12
	现金付讫										
合计			¥	2	5	0	0	0	0		
金额合计：⊗拾 ⊗万 贰 仟 伍 佰 零 拾 零 元 零 角 零 分		原借款：　　元								应退（补）款：　　元	

会计主管：陈萍　　复核：方淮　　出纳：葛佳敏　　报销人：柯琪琪

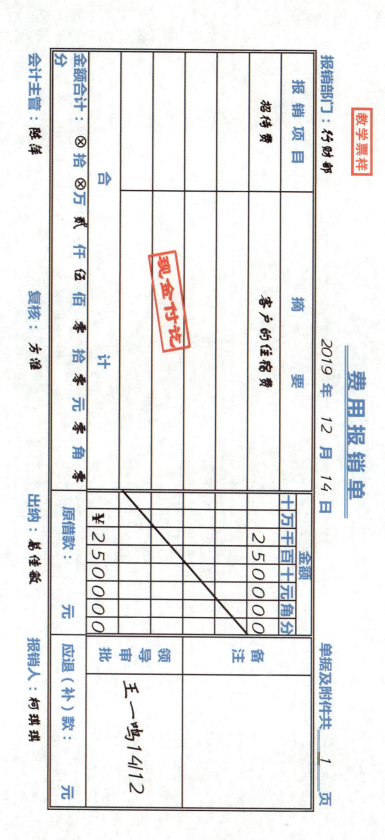

教学票样

011001984504 九州增值税普通发票 № 11086818

发票联

校验码 57216 35112 17215 58281

开票日期：2019-12-14

购买方	名　　称：华问鑫亿食品进出口有限公司 纳税人识别号：91621300250502013K 地址、电话：九州市河西区融贸路128号 011-86253366 开户行及账号：中国银行九州河西分行 1015 1085 5673				密码区	>>612271*+2372512151352*8102 455>1/<863>*19-*4<>446015356 >257310/211++54/*54>2-31<>><		
货物或应税劳务名称	规格型号	单位	数量	单价	金额	税率	税额	
*住宿服务*房费		天	5.00	471.70	2,358.49	6%	141.51	
合　　计					¥ 2,358.49		¥141.51	
价税合计（大写）	⊗ 贰仟伍佰元整				（小写）¥ 2,500.00			
销售方	名　　称：九州四季酒店有限公司 纳税人识别号：91210700138017238R				备			

第二联：发票联 购买方记账凭证

教学票样

九州市社会保险费缴款专用收据

过月作废　　2019年12月16日　　(2019) No: 01926897

收款人	全　称	河西区社会保险事业管理局	缴款人	单位名称	华问鑫亿食品进出口有限公司
	账　号	11071102090249039843		个人编号	361503221856
	开户银行	中国人民银行九州中心支行		开户银行	中国银行九州河西分行
金额	人民币（大写）	伍万贰仟柒佰伍拾贰元整			¥52752.00

款项内容	缴费起止时间			自2019年11月起至2019年11月止
	本金	滞纳金	利息	备注：
企业基本养老	37,680.00	0.00	0.00	201911-201911
失业保险	1,570.00	0.00	0.00	201911-201911
基本医疗保险	12,560.00	0.00	0.00	201911-201911
大额医疗保险	0.00	0.00	0.00	201911-201911
工伤保险	157.00	0.00	0.00	201911-201911
生育保险	785.00	0.00	0.00	201911-201911

单位盖章　　（电脑打印　手写无效）　业务员：

第二联：收据

中国人民银行九州中心支行结算凭证专用章

中国银行股份有限公司 九州河西分行 业务专用章

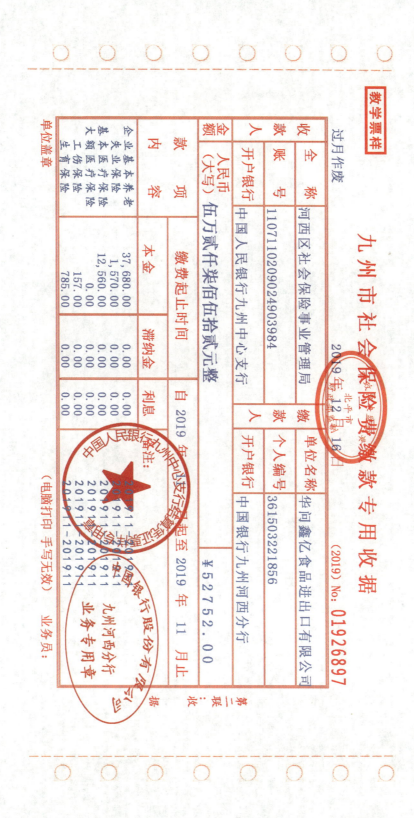

国家税务总局监制

PRINTED UNDER THE SUPERVISION OF SAT

航空运输电子客票行程单

ITINERARY/RECEIPT OF E-TICKET

FOR AIR TRANSPORTATION

印

SE

旅客姓名NAME OF PASSENGER 宁天峰	有效身份证件号码 ID NO.					签注 ENDORSEMENT ON AIR TICKETS 不得签转改期退票收费		
	承运人 CARRIER	航班号 FLIGHT	座位等级 CLASS	日期 DATE	时间 TIME	客票级别/客票类别 FARE BASIS	客票生效日期 NOT VALID BEFORE	NC
自FROM 九州	国航	CA3335	L	2019-12-15	13:20	L		
至TO 大阪								
至TO								
至TO								
至TO	票价 FARE CNY 1190.00		机场建设费 AIRPORT TAX CNY 50.00		燃油附加费 FUELSURCHARGE CNY 110.00		其他税费 OTHER TAXES	

教学票样

差旅费报销单

报销部门：采购部　　　　填报日期：2019 年 12 月 19 日

姓　名	宁天峰	职　别	采购专员	出差事由	考察产品

出差起止日期自 2019年 12 月 15 日起至 2019年 12 月 18 日止共 4 天附单据 10 张

日期 月	日期 日	起讫地点	天数	机票费	车船费	市内交通费	住宿费	出差补助	住宿节约补助	其他	小计
12	15	九州至大阪往返	4	2648.00		500.00	2400.00	800.00			6348.00

总计金额（大写）零万陆仟叁佰肆拾捌元零角零分　预支 5000.00 元 补助 ______ 元

现金付讫

负责人 陆浩然　会计 罗子琪　审核 葛佳敏　部门主管 王文成　出差人 宁天峰

教学票样

九州市国家税务局通用定额发票（L）

发票联

九州市国家税务总局监制

发票代码 13010156213B

发票号码 46541993

识　别　码 CQXU[illegible]JAXC

壹　元　整

（加盖发票专用章有效）

九州京九汽车服务有限责任公司
91136010761024761J
发票专用章

九州光辉印务有限公司2019年8月印26.83万本36210001-63040000

教学票样

费用报销单

报销部门：行财部　　　　2019 年 12 月 31 日　　　　单据及附件共 4 页

报销项目	摘要	金额 十万	万	千	百	十	元	角	分
加油费	车辆燃油费			5	6	9	5	2	0
过路费	高速路过路费				3	2	9	6	0
停车费	车辆停车费				7	6	0	0	0
合计			¥	6	7	8	4	8	0

备注：

领导审批：王一鸣30112

金额合计：⊗拾 ⊗万 陆 仟 柒 佰 捌 拾 肆 元 捌 角 零 分

原借款：　　元　　应退（补）款：　　元

会计主管：陈萍　　复核：方淮　　出纳：葛佳敏　　报销人：柯琪琪

教学票样

中华人民共和国
税收通用缴款书

隶属关系：区属　　　　(20092)九州缴电 10282193 号

注册类型：其他有限责任公司 填发日期： 2019年 12月 05日　征收机关：河西区税务局

缴款单位(人)	代码	04085721	预算科目	编码	101111900
	全称	华问鑫亿食品进出口有限公司		名称	个人所得税
	开户银行	中国银行九州河西分行		级次	区级
	账号	101510855673	收款国库		九州市河西区支库

税款所属时期 2019年 11月01至30日　税款限缴时期　年　月　日

品目名称	课税数量	计税金额或销售收入	税率或单位税额	已缴或扣除额	实缴金额
个人所得税					2,740.96
金额合计	(大写) 贰仟柒佰肆拾圆玖角陆分				¥2,740.96

无银行收旋章无效

缴款单位(人)(盖章) 经办人(章)	税务机关(盖章) 填票人(章) 陈菊平	上列款项已收妥并划转收款单位账户 国库(银行) 盖章　年　月　日	备注：

逾期不缴按税法规定加收滞纳金

第一联(收据)国库(银行)收款盖章后退缴款单位(人)作完税凭证

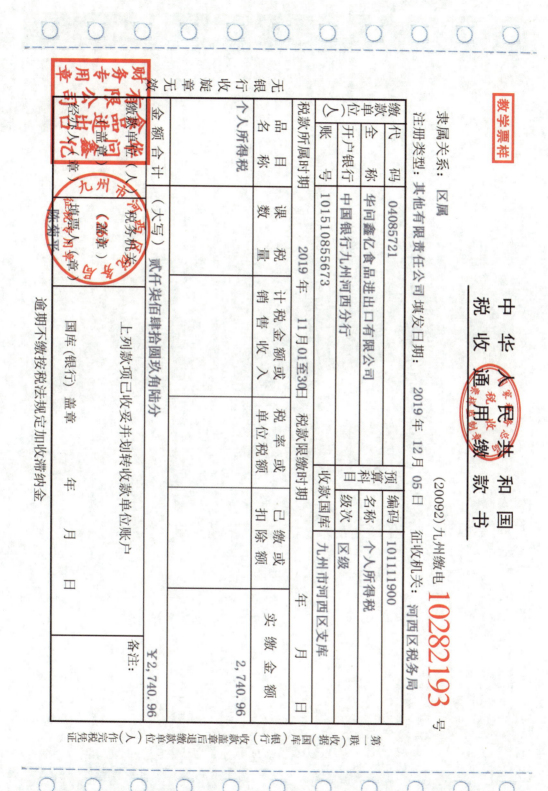

教学票样

海关 进口关税 专用缴款书

收入系统：海关系统　　填发日期：2019-12-20　　号码 NO.：220020191220001880-A01

收款单位	收入机关	中央金库			缴款单位	名　称	华问鑫亿食品进出口有限公司
	科　目	进口关税	预算级次	中央		账　号	101510855673
	收款国库	中国银行九州河西分行				开户银行	中国银行九州河西分行

税号	货物名称	数量	单位	完税价格	税率%	税款金额
8215200000	打包机	2	台	44149.11	35%	15452.19

金额	（大写）壹万伍仟肆佰伍拾贰元壹角玖分	合计	15452.19

申请单位编号	21000001866	报关单编号	230320190039518234	填制单位	收款国库（银行）
合同（批文）号	CONTRACT08	运输工具（号）	DANU BHUM/013S		中国银行九州河西分行 2019.12.20 转讫
缴款期限	2020-01-10前	提/装货单号			
备注	一般贸易（0110）一般征税（101）2019-12-20 国际代码：320102100001966 USD 1.000 15452.19			制单人 复核人	

从填发缴款书之日起限15日内缴纳（期末遇到法定节假日顺延），逾期按日征收税款总额千分之一的滞纳金

教学票样

海关 进口增值税 专用缴款书

收入系统：海关系统　　填发日期：2019-12-20　　号码 NO.：22002019122000 1880-A02

收款单位	收入机关	中央金库			缴款单位	名　称	华问鑫亿食品进出口有限公司
	科　目	进口增值税	预算级次	中央		账　号	101510855673
	收款国库	中国银行九州河西分行				开户银行	中国银行九州河西分行

税号	货物名称	数量	单位	完税价格	税率%	税款金额
8215200000	打包机	2	台	59601.30	13%	7748.17
金额 （大写）柒仟柒佰肆拾捌元壹角柒分					合计	7748.17

申请单位编号	21000001866	报关单编号	230320190039518234	填制单位	收款国库（银行）
合同（批文）号	CONTRACT08	运输工具（号）	DANU BHUM/013S		
缴款期限	2020-01-10前	提/装货单号			
备注	一般贸易（0110）一般征税（101）2019-12-20 国际代码：320102100001966 USD 1.000 7748.17			制单人 复核人	中国银行九州河西分行 2019.12.20 转讫

从填发缴款书之日起限15日内缴纳（期末遇到法定节假日顺延），逾期按日征收税款总额千分之一的滞纳金

教学票样

海关 进口关税 专用缴款书

收入系统：海关系统　　填发日期：2019-12-21　　号码 NO.：220020191221001882-A01

收款单位				缴款单位		
收入机关	中央金库			名　称	华问鑫亿食品进出口有限公司	
科　目	进口关税	预算级次	中央	账　号	101510855673	
收款国库	中国银行九州河西分行			开户银行	中国银行九州河西分行	
税号	货物名称	数量	单位	完税价格	税率%	税款金额
9212400000	香水	200	箱	436677.12	10%	43667.71
金额	（大写）肆万叁仟陆佰陆拾柒元柒角壹分				合计	43667.71
申请单位编号	21000001866	报关单编号	230320190039518234	填制单位	收款国库（银行）	
合同（批文）号	CONTRACT12	运输工具（号）	DANU BHUM/013S			
缴款期限	2020-01-11前	提/装货单号				
备注	一般贸易（0110）一般征税（101）2019-12-21 国际代码：320102100001966 USD 1.000 43667.71			制单人 复核人	中国银行九州河西分行 2019.12.21 转讫	

从填发缴款书之日起限15日内缴纳（期末遇到法定节假日顺延），逾期按日征收税款总额千分之一的滞纳金

教学票样

海关 进口增值税 专用缴款书

收入系统：海关系统　　填发日期：2019-12-21　　号码 NO.：220020191221001882-A02

收款单位	收入机关	中央金库		缴款单位	名　称	华问鑫亿食品进出口有限公司
	科　目	进口增值税	预算级次　中央		账　号	101510855673
	收款国库	中国银行九州河西分行			开户银行	中国银行九州河西分行
税号	货物名称	数量	单位	完税价格	税率%	税款金额
9212400000	香水	200	箱	565111.56	13%	73464.50
金额	（大写）柒万叁仟肆佰陆拾肆元伍角				合计	73464.50
申请单位编号	21000001866	报关单编号	230320190039518234	填制单位	收款国库（银行）	
合同（批文）号	CONTRACT12	运输工具（号）	DANU BHUM/013S			
缴款期限	2020-01-11前	提/装货单号				
备注	一般贸易（0110）一般征税（101）2019-12-21 国际代码：320102100001966 USD 1.000 73464.50			制单人 复核人	中国银行九州河西分行 2019.12.21 转讫	

从填发缴款书之日起限15日内缴纳（期末遇到法定节假日顺延），逾期按日征收税款总额千分之一的滞纳金

教学票样

海关 进口消费税 专用缴款书

收入系统：海关系统　　填发日期：2019-12-21　　号码 NO.：22002019122100182-A03

<table>
<tr><td rowspan="3">收款单位</td><td>收入机关</td><td colspan="4">中央金库</td><td rowspan="3">缴款单位</td><td>名　称</td><td>华问鑫亿食品进出口有限公司</td></tr>
<tr><td>科　目</td><td>进口增值税</td><td>预算级次</td><td colspan="2">中央</td><td>账　号</td><td>101510855673</td></tr>
<tr><td>收款国库</td><td colspan="4">中国银行九州河西分行</td><td>开户银行</td><td>中国银行九州河西分行</td></tr>
<tr><td colspan="2">税号</td><td>货物名称</td><td>数量</td><td>单位</td><td>完税价格</td><td colspan="2">税率%</td><td>税款金额</td></tr>
<tr><td colspan="2">9212400000</td><td>香水</td><td>200</td><td>箱</td><td>480344.83</td><td colspan="2">15%</td><td>84766.73</td></tr>
<tr><td colspan="2"></td><td></td><td></td><td></td><td></td><td colspan="2"></td><td></td></tr>
<tr><td colspan="2"></td><td></td><td></td><td></td><td></td><td colspan="2"></td><td></td></tr>
<tr><td colspan="7">金额　（大写）捌万肆仟柒佰陆拾陆元柒角叁分</td><td>合计</td><td>84766.73</td></tr>
<tr><td colspan="2">申请单位编号</td><td>21000001866</td><td>报关单编号</td><td colspan="2">230320190039518234</td><td rowspan="4">填制单位

制单人
复核人</td><td colspan="2" rowspan="4">收款国库（银行）
中国银行九州河西分行
2019.12.21
转讫</td></tr>
<tr><td colspan="2">合同（批文）号</td><td>CONTRACT12</td><td>运输工具（号）</td><td colspan="2">DANU BHUM/013S</td></tr>
<tr><td colspan="2">缴款期限</td><td>2020-01-11前</td><td>提/装货单号</td><td colspan="2"></td></tr>
<tr><td colspan="2">备注</td><td colspan="4">一般贸易（0110）一般征税（101）2019-12-21
国际代码：320102100001966 USD 1.000
84766.73</td></tr>
</table>

从填发缴款书之日起限15日内缴纳（期末遇到法定节假日顺延），逾期按日征收税款总额千分之一的滞纳金

教学票样

合同 CONTRACT

合同号：HW20191201
日　期：2019 年 12 月 02 日

买方 The buyers：华问鑫亿食品进出口有限公司
地址 Address：九州市河西区融贸路 128 号
电话 Tel：011-86253366　　传真 Fax：

卖方 The sellers：Itat Co.,Ltd

地址 Address：Corso Duca degli Abruzzi, 99, 10100 Torino , Italy

电话 Tel：　　传真 Fax：

兹经买卖双方同意，由买方购进,卖方出售下列货物，并按下列条款签订本合同：

(1) 货物名称、规格、包装及唛头：

货物名称 Name of commodity	生产国别和制造商 Country of origin and manufacture	唛头 Shipping Mark
自动包装机 Automatic packaging unit		

(2) 数量、单价及总值：

货物名称 Name of commodity	数量 Quantity	单价 Unit price	合同总值 Total amount
自动包装机 automatic packaging unit	2 sets	FOB USD 3,000.00/SET	USD 6,000.00

(3) 装运期限 time Of Shipment:
自合同签订日起 1 月内 Within 1 month from the date of signing the contract
(4) 装运口岸 port of Loading: 意大利热内亚 Genoa, Italy
(5) 目的口岸 Port of Destination：九州白云港 Baiyun harbor,Jiuzhou
(6) 保险 Insurance: To be covered by the buyer against all risk for 110% of Invoice Value.
(7) 付款条件 Terms of payment: 买方通过 T/T（电汇）方式先预付合同总值的 1/2，即 3000.00 美元，卖方收到预付款后 2 日内发货，货物发运后，卖方出具以买方为付款人的付款跟单汇票，按即期付款交单（D/P）方式，向买方转交单证，换取货物。
The buyer shall prepay 1 / 2 of the total value of the contract by T / T (telegraphic transfer), i.e. USD 3000.00. The Seller shall deliver the goods within 2 days after receiving the prepayment. After the goods are shipped, the Seller shall issue the buyer's documentary bill of exchange for the goods by D / P.
(8)单据：
Documents: to facilitate the buyers to check up, all documents should be made in a version identical to that used in this contract.

A：空白抬头，空白背书的全套已装运的清洁提单一套。(如本合同为 FOB 价格条件时，提单应注明"运费到付"或"运费按租船合同办理"字样；如本合同为 C&F,CIF 价格条件时，提单应注明"运费已付"字样。)

Complete set of clean on board shipped bill of lading made out to order, blank endorsed. (If the price in this contract is based on FOB, marked "freight payable at destination" or "freight as per charter party", If the price in this contract is based on C&F,CIF marked "freight prepaid".

B: 发票：注明合同号、唛头、载货船名及信用证号，如果分批装运，需注明分批号。

Invoice: indicating contract number, shipping marks, name of carrying vessel, number of the letter of credit and shipment number in case of partial shipments

C: 装箱单及/或重量单：注明合同号及唛头，并逐件列明毛重和净重。

Packing list and/or weight memo, indicating contract number, shipping marks，gross and net weights of each package.

D：制造工厂的品质证明书和数量证明书。

Certificate of quality and quantity of the contracted goods issued by the manufactures.

E：按合同第（10）条规定的装运通知传真副本。

Copy of fax advising shipment according to clause (10) of this contract.

F: 保险单 Insurance policy

G: 产地证：由制造厂所在国家商会或其他独立检验机构签发的产地证明书。

Certificate of origin: issued by the manufactures.

(9) 装运 shipment;

离岸价格条款 terms of FOB Delivery:

a) 装运本合同货物的船只，由买方运输代理人租订船位。卖方负担货物的一切费用风险到货物装到船面为止。

For the goods ordered in this contract, carrying vessel shall be arranged by the buyers or the buyer's shipment agent. The charges and risks shall be borne by the seller until the goods are effectively loaded on board the carrying vessel.

b) 卖方必须在合同规定的交货期限三十天前，将合同号码、数量、装运口岸及预计货物运达装运口岸日期，以电话/传真方式通知买方，以便买方安排舱位，并同时通知买方在装运港的货运代理。倘在规定的期限内未接到前述通知，即视为卖方同意在合同规定期内任何日期交货，并由买方主动租船订位。The seller shall advise the buyers by telex/fax, and simultaneously advise the buyers shipping agent at the loading port, 30 days before the contracted time of shipment, of the contract number, name of commodity, quantity, loading port and expected date of arrival of the goods at the loading port, enabling the buyers to arrange for shipping space. Absence of such advice within the time specified above shall be considered as sellers' readiness to deliver the goods during the contracted time of shipment and the buyers shall arrange for shipping space accordingly.

c) 买方应在船只受载期 12 天前将船名、预计受载日期、装载数量、合同号码、船舶代理人以电子邮件/传真方式通知卖方。卖方联系船舶代理人配合船期备货装船。如买方因故需要变更船只或更改船期时，买方或船舶代理人应及时通知卖方。

The buyers shall advise the seller by email/fax,12 days before the expected loading date, of the estimated lay days, contract number ,name of vessel, quantity to be loaded and shipping agent. The sellers shall then arrange with the shipping agent for loading according. In case of necessity for substitution of vessel or alteration of shipping schedule, buyers or the shipping

agent shall duly advise the sellers to the same effect.

d) 买方所租船只按期到达装运口岸后，如卖方不能按时备货装船，买方因而遭受的一切损失包括空舱费、延期费及/或罚款等由卖方负担。如船只不能于代理人确定的受载期内到达，在港口免费堆存期满后第 16 天起发生的仓库租费、保险费，由买方负担，但卖方仍负有载货船只到达装运口岸立即将货物装船之义务并负担费用及风险。前述各种损失均凭原始单据核实付。

In the event of the sellers' failure in effecting shipment upon arrival of the vessel at the loading port, including dead freight, demurrage finest etc. thus incurred shall be for sellers' account. If the vessel fails to arrive at the loading port within the lay days previously declared by the shipping agent, the storage charges and insurance premium from the 16th day after expiration of the free storage time at the port shall be borne by the buyers. However, the sellers shall be still under the obligation to load the goods on board the carrying vessel immediately after the arrival at the loading port, at their own expenses and risks. The expenses and losses mentioned above shall be reimbursed upon original receipts or invoices.

(10) 装运通知：卖方在货物装船后，立即将合同号码、品名、毛重、净重、发票金额、载货船名及装船日期以电子邮件/传真通知买方。

Advice of shipment: the sellers shall, upon completion of loading advise immediately the buyers by email/fax of the contract number, name of commodity, number of packages, gross and net weight, invoice value, name of vessel and loading date.

(11)检验和索赔：货物运抵目的口岸，买方有权申请中国商品检验局或其分支机构进行检验。如发现货物的品质及/或数量/重量与合同或发票不符，除属于保险公司或船公司的责任外，买方有权在货物到目的口岸后 90 天内，根据中国商品检验局出具的证明书向卖方提出索赔，因索赔所发生的一切费用（包括检验费用）均由卖方承担。FOB 价格条件时，如重量短缺，买方有权同时索赔短重部分的运费。

Inspection and claim: the buyers shall have the right to apply to the china commodity inspection Bureau (CCIB) for inspection after discharge of the good at the port of destination. Should the quality and/or quantity/weight be found not in conformity with the contract or invoice, the buyers shall be entitled to lodge with the sellers on the basis of CCIB'S survey report, within 90 days after discharge of the good at the port of destination, with the exception. However，those claims for which the shipping company and/or the insurance company are to be held responsible. All expense incurred on the claim including the inspection fee as per the CCIB inspection certificate are to be borne by the sellers. In case of FOB terms, the buyers shall also be entitled to claim freight for short weight if any.

(12)不可抗力：由于人力不可抗拒事故，使卖方不能在合同规定的期限内交货或不能交货，卖方不负责任。但卖方必须立即以电子邮件/传真通知买方，并以挂号函向买方提出有关政府机关或商会所出具的证明，以证明事故的存在。卖方不能取得出口许可证不得作为不可抗力。

Force majeure: in case of Force majeure the sellers shall not be held responsible for delay in delivery or non-delivery of the goods but shall notify immediately the buyers by email/fax and deliver to the buyers by registered mail a certificate issued by government authorities or chamber of commerce as evidence thereof. If the obtaining export license shall not be considered as force majeure.

（13）延期交货及罚款：除本合同第（12）条不可抗力原因外，如卖方不能按期交货，买方有权撤消该部分的合同，或经买方同意在卖方交纳罚款的条件下延期交货。罚款率为每 10 天按货款总额的 1%，不足 10 天按 10 天计算。罚款最多不能超过延期货款总额的 5%。

Delayed Delivery and penalty: Should the Sellers fail to effect delivery on time as stipulate in

教学票样

this Contract owing to causes other than Force majeure as provided for in clause (12) of this Contract, the Buyers shall have the right to cancel the relative quantity of contract, or alternatively, the Sellers may with the buyers' consent, postpone delivery on payment of penalty shall be charged at the rate of 1% of the total value for every 10 days, odd days less than 10 days should be counted as 10 days. The total penalty shall not exceed 5% of the total value of the goods involved.

(14) 仲裁：一切因执行本合同有关的争执，应友好协商解决。如经协商不能得到解决时，应提交北京中国国际经济贸易仲裁委员会，按照中国国际经济贸易仲裁委员会规则进行仲裁。仲裁委员会的裁决为终局裁决，对双方均有约束力。仲裁费用除非仲裁委员会另有决定外，由败诉方负担。

Arbitration: All disputes in connection with this contract or the execution thereof shall be settled by friendly negotiation. If no settlement can be reached, the case in dispute shall then be submitted for arbitration to China International Economic and Trade Arbitration Commission in accordance with the arbitration Rules of china International Economic and Trade Arbitration Commission. The decision made by the commission shall be accepted as final and binging upon both parties. The fees for arbitration shall be borne by the losing party unless otherwise awarded by the Commission.

(16)生效：本合同需经买卖双方授权代表签字并盖公司章后生效。有效期到合同项下义务执行完毕。

Effectiveness of the contract: This contract shall Come Into Force after the Authorized Signature and seal by the Buyer and Seller. And this contract shall be valid until the buyer and the seller fulfill the contracted obligation.

买方：
The Buyers: 华问鑫亿食品进出口有限公司

Authorized Signature ：王一鸣

卖方： ITAT CO.,LTD
The Sellers：Itat Co.,Ltd
CORSO DUCA DEGLI ABRUZZI, 99, 10100

Authorized Signature：Alexander Smith

教学票样

进口代理协议书

甲方（委托方）： **星辰光影日化有限公司**

乙方（受托方）： **华问鑫亿食品进出口有限公司**

经双方友好协商，根据《中华人民共和国对外贸易法》、《中华人民共和国海关法》和商务部、海关总署、国家外汇管理局发布的相关规定，就甲方委托乙方代理进口的有关事项达成如下协议：

一、甲方委托乙方代理进口，具体内容如下：

品名	规格	单价	数量	总价
Crystal 香水	50mL	300.00 美元/箱	200 箱	600000.00 美元

付款方式：信用证付款，由乙方**华问鑫亿食品进出口有限公司**对外开出信用证。

运输交货：CIF 九州交货

二、乙方接受甲方委托，同意以乙方的名义代理以下工作：

（1）进口代理；（2）申请一般产品的自动进口许可证；（3）进口检验检疫申报、报关或委托报关；（4）购付汇。

三、报关、运输及保险：

1. 支付进口关税和费用：所有与代理进口有关的关税（包括增值税）和费用（包括订舱、报关、商检、检疫、运输、保险及银行费用等）均由甲方按规定承担，如乙方垫付，甲方最迟应于提货前与乙方清算，否则乙方有权保留进口货物/提单。

2. 甲方如委托乙方送货至指定地点，甲方需全权委托乙方指定货运代理，并对实际发生的合理费用予以认可。

3. 甲方凭乙方递交的提货单，自行到指定地点提货，提货、运输等费用自理。

四、费用

1. 合同签订后___3___个工作日内，甲方向乙方支付进口预付款 800000.00，代理费收取标准为成交金额的___2___%。

2. 甲方在货到目的港后___5___个工作日内向乙方结清货物的全部税款（进口关税

及增值税）和港口所发生的所有费用（报关费、商检费、港杂费、仓储费及其他相关费用）及全部货款。

五、索赔处理

1. 乙方在收到甲方的索赔委托、依据后，及时代理甲方按乙方对外签署的合同规定向外索赔，索赔利益归甲方所有，但代理手续费不做任何退回。

2. 乙方必须认真遵守《中华人民共和国进出口商品检验法》，发现问题时及时处理　凡属于船方或保险责任的，应会同乙方在港口的货运代理向有关责任方索要货损、货差证明，通过乙方向保险公司办理有关索赔手续。

3. 乙方必须积极办理属于发货人责任的短重及/或质量索赔。乙方不承担直接的赔偿责任，但有义务代表甲方向国外发货人提赔，并须据理力争督促国外发货人尽快理赔。乙方须及时向甲方通报对外索赔进展情况，并对此索赔案负责到底，直至甲方同意结案为止。

六、争议解决

因本协议发生的一切争议，应当协商解决，协商不成，提请合同签订地有管辖权的人民法院诉讼解决。

七、其他

1. 本协议书系双方根据中国外贸代理的有关法律、法规签订，在任何情况下双方之间不产生外贸代理进口之外的未经双方确定的其他合同关系。本协议适用中国法律。如确因本代理关系项下需要甲乙双方签订的其他合同等与本协议有抵触的，以本协议为准。

2. 本协议书未尽事宜按照《中华人民共和国对外贸易法》、《中华人民共和国海关法》和商务部、海关总署、国家外汇管理局等部门发布的相关规定等办理。

3. 本协议书一式___2___份，经双方签字或盖章后生效。

4. 本协议在九州河西区签订。

甲方：星辰光影日化有限公司（盖章）　　　乙方：华问鑫亿食品进出口有限公司（盖章）

法定代表人：程心怡　　　法定代表人　王一鸣

（或授权签约人）：　　　（或授权签约人）：

教学票样

合　同
CONTRACT

Contract No.________________

Date:________________

买方 The buyers： Start Co.,Ltd
地址 Address：
电话 Tel：　　　　　　　　传真 Fax：

卖方 The sellers：华问鑫亿食品进出口有限公司
地址 Address： 九州市河西区融贸路 128 号
电话 Tel：011-86253366　　　传真 Fax：0078-625-8913665

兹双方同意按下列条款由卖方出售，买方购进下列货物（FOB 价交易，暗佣 2%）：
The Seller agrees to sell and the Buyer agrees to buy the under mentioned goods on the terms and conditions stated below:

(1)货物名称、规格、包装及装运唛头 Name of Commodity, Specifications , Packing and Shipping Marks	(2)数 量 Quantity	(3)单价 Unit Price CIF MOJI seaport (USD/PCS)	(4)总值 Total Amount
			FOB JIUZHOU
Canned lobster A 龙虾罐头 A 级	3600 PCS	10.00	USD 36,000.00
Canned lobster B 龙虾罐头 B 级	2400 PCS	15.00	USD 36,000.00
Canned lobster C 龙虾罐头 C 级	2880 PCS	20.00	USD 57,600.00

(5)装运条款和交货期：于合同生效后 01 月 15 日前以海运形式送货到达 WILMINGTON USA 港口。

Shipping terms and delivery time: the goods shall be delivered by sea to Wilmington USA port before January 15 after the contract comes into force.

(6)付款条件：买方应通过买卖双方同意的银行，开立以卖方为受益人的、不可撤销、转让和分割的，允许分批装运和转船的信用证。

Terms of payment: the buyer shall open an irrevocable, transferable and divisible letter of credit in favor of the seller, allowing partial shipment and transshipment through a bank agreed by the buyer and the seller.

(7)保险：按发票金额 110%保一切险及战争险（中国人民保险公司条款）。

Insurance : To be covered by the seller for 110% of invoice value against all risks and war risk as per the clause of the People' Insurance Co. of China.

(8) 品质与数量，重量的异议与索赔：货到最终目的地后，买方如发现货物品质或数量/重量与合同规定不符,除属于保险公司货船公司的责任外,买方可以凭双方同意的检验机构出具的检验证明向卖方提出异议,品质异议须在货到最终

目的地之日起 60 天内提出,数量/重量异议须在货到最终目的地之日起 30 天内提出。

Quality /Quantity/Weight Discrepancy and Claim: In case the quality and /or quantity/weight are found by the Buyer not to conform with the contract after arrival of the goods at the final destination, the Buyer may lodge a claim against the seller supported by a survey report issued by an inspection organization agreed upon by both parties with the exception of those claims for which the insurance company and /or the shipping company are to be held responsible. Claim for quality discrepancy should be filed by the Buyer within 60 days after arrival of the goods at the final destination while for quantity / weight discrepancy claim should be filed by the Buyer within 30 days after arrival of the goods at the final destination.

(9) 人力不可抗拒：本合同内所述全部或部分商品，如因人力不可抗拒的原因,使卖方不能履约或延期交货,卖方不负任何责任。

Force Majeure: The Seller shall not be held responsible for failure or delay in delivery of the entire or portion of the goods under this contract in consequence of any Force Majeure incidents.

(10) 仲裁：凡执行本合同或与合同有关事项所发生的一切争执，应由双方通过友好方式协商解决。如果不能达成协议，应提交中国国际贸易促进委员会对外贸易仲裁委员会，根据该仲裁委员会的仲裁程序暂行规定进行仲裁，仲裁裁决是终局的，对双方都有约束力。仲裁费用除非仲裁另有决定外，均由败诉一方承担。

Arbitration: All disputes in connection with this Contract or the execution thereof shall be settled through friendly negotiations. If no settlement can be reached, the case shall then be submitted to the Foreign Trade Arbitration Commission of the China Council for the Promotion of International Trade, for settlement by arbitration in accordance with the Commission's Provisional Rules of Procedure. The award rendered by the Commission shall be final and binding on both parties. The arbitration expenses shall be borne by the losing party unless otherwise award by the arbitration organization.

(11) 买方银行信息：

The buyer's bank information:

华闻鑫亿食品进出口有限公司

THE SELLER:

START Co.,LTD
THE BUYER:
2785 BELMONT AVENUE,DURHAM,NC

-- --

教学票样

外贸企业出口退税汇总申报表

（适用于增值税一般纳税人）

海关企业代码：1001235789

纳税人名称（公章）：华问鑫亿食品进出口有限公司

纳税人识别号：916213[illegible]502013K　　申报年月：2019 年 11 月　　申报批次：01　　金额单位：元

出口企业申报		
出口退税出口明细申报表	1 份，记录	21 条
	出口额	175,755.45 美元
出口货物报关单	2 张	
代理出口货物证明	- 张	
出口收汇核销单	- 张，收汇额	
远期收汇证明	- 张，其他凭证	
出口退税进货明细申报表	1 份，记录	
增值税专用发票	2 张，增值税专用税票	
海关进口增值税专用缴款书	- 张，海关进口消费税专用缴款书	
外贸企业出口退税进货分批申报单	- 张，总进货金额	
总进货税额	96,473.00 元	
其中：增值税	96,473.00 元，增值税	
本月申报退税额	96,473.00 元	
其中：增值税	96,473.00 元，增值税	
本月实收已退税额	-元，本年累计实收已退税额	
本月实收已退增值税退税额	-元，本年累计实收已退增值税退税额	
本月实收已退消费税退税额	-元，本年累计实收已退消费税退税额	
申请开具单证		
代理出口货物证明	-份，记录	
代理进口货物证明	-份，记录	
来料加工出口货物免税证明	-份，记录	
来料加工出口货物免税核税证明	-份，记录	
出口货物转内销证明	-份，记录	
退运已补税证明	-份，记录	
补办报关单证明	-份，记录	
补办收汇核销单证明	-份，记录	
补办代理出口证明	-份，记录	
出口企业出口含金产品免税证明	-份，记录	

申报人申明	授权人申明
此表各栏填报内容是真实合法的，与实际出口货物情况相符，此次申报的出口业务不属于“四自三不见”等违背正常出口经营程序的出口业务，否则，本企业愿意承担由此产生的相关责任。 经办人：陈革 财务负责人：江云 法定代表人（负责人）：王一鸣 2019 年 12 月 06 日	（如果你已委托代理申报人，请填写下列资料） 为代理出口货物退税申报事宜，现授权________为本纳税人的代理申报人，任何与本申报表有关的往来文件都可寄与此人。 授权人签字　　　（盖章） 年　月　日

教学票样

中国银行
BANK OF CHINA

教学票样

信 用 证（副本）

开证日期 2019 年 12 月 7 日

开证申请人	全称	华问鑫亿食品进出口有限公司	受益人	全称	Angel Co.,Ltd
	账号	101562451126		账号	
	开户行	中国银行九州河西分行		开户行	Credit Lyonnais

		亿	千	百	十	万	千	百	十	元	角	分
开证金额	人民币（大写） 柒拾万肆仟圆整				7	0	4	0	0	0	0	0

有效日期及有效地点：	
通知行名称及地址：	Credit Lyonnais

付款方式： 即期付款

即期付款

延期付款　运输单据装运日/货物收据签发日/出库单签发日后　天

议付　运输单据装运日/货物收据签发日/出库单签发日后　天

运输方式： 海路运输

分批装运：允许　不允许　转运：允许　不允许

货物运输起止地：自＿＿至＿＿　议付行名称及行号：＿＿＿＿

最迟装运日期：＿＿年＿＿月＿＿日

货物描述：

其他条款：

本信用证依据中国人民银行《国内信用证结算办法》和申请人开证申请书开立，本信用证为不可撤销，不可转让信用证，我行保证在收到单证符合的单据时，履行付款的责任，如信用证系议付信用证，受益人开户行应将每次提交单据情况背书记录在正本信用证背面。

中国银行股份有限公司 九州河西分行 业务专用章

开证行签章

出口代理协议书

甲方（委托方）： 九州清河酒饮有限公司

乙方（受托方）： 华问鑫亿食品进出口有限公司

经双方友好协商，根据《中华人民共和国对外贸易法》、《中华人民共和国海关法》和商务部、海关总署、国家外汇管理局发布的相关规定，就甲方委托乙方代理出口的有关事项达成如下协议：

一、甲方委托乙方代理出口，具体内容如下：

品名	规格	单价	数量	总价
青岛啤酒	500ml*12	100.00 元/箱	81200 箱	8120000.00 美元

二、代理事项

1.甲方委托乙方代理出口其产品，有关产品的具体数量、质量、规格、价格、付款方式、交货期、目的港和保险等条件，由甲方与外商自行协定并且直接对外商负责。因出口货物的质量、数量、包装、交货期等问题而引起的责任和损失均由甲方负责，乙方不承担任何责任。

2.甲方负责根据其与外商商定的交货期安排生产，并于货物报关出口前三个工作日向乙方提供真实、准确的出口产品的品名、规格、数量、金额、装箱情况等资料，并提供商检换证凭单，以便乙方按此资料向海关申报及履行相关手续。若因甲方所提供的材料与实际出口货物情况不符，而造成海关扣柜或处罚时，由此造成的延误船期和延期交货的损失由甲方承担，甲方应赔偿乙方因此而遭受的海关处罚及相应损失。如有其他特殊情况，由甲乙双方共同协商处理，承担各自的责任及费用。

3.甲方负责安排远洋运输(费用由甲方承担)租船订仓事宜，并及时将船公司提柜纸传真给乙方，并告知该船的截关日期;乙方负责根据甲方提柜纸安排提柜和由甲方工厂至深圳码头的拖车，并垫付此段的拖车费用;乙方负责向海关申报货物出口，并办理有关出口报关的一切手续，并垫付相应的报关费用及其他相关费用；乙方负责在出口货物装柜后按照实际装柜情况填制收购合同，合同由甲乙双方签字确认后盖章生效。

4.乙方在收到甲方提供的装箱资料后，应及时对甲方的出口业务免费制作全套单证，并安排报关出口。若非客观原因造成出口耽误而引起客户索赔，乙方应负责由此而发生的一切衍生费用。

三、费用及支付方式

1. 代理费收取标准为成交金额的__3__%。

2. 无定金货款支付：

甲方负责催促外商在货物出口报关后 30 日内将该批出口货物的全额外汇货款付到乙方帐户;乙方在收到该笔外汇货款后的 15 个工作日内，按照即期汇率将所收外汇折合成人民币并扣除相关垫付费用后支付给甲方。

四、争议解决

因本协议发生的一切争议，应当协商解决，协商不成，提请合同签订地有管辖权的人民法院诉讼解决。

五、其他

1. 本协议书系双方根据中国外贸代理的有关法律、法规签订，在任何情况下双方之间不产生外贸代理出口之外的未经双方确认的其他合同关系。本协议适用中国法律。如确因本代理关系项下需要甲乙双方签订的其他合同等与本协议有抵触的，以本协议为准。

2. 本协议书未尽事宜按照《中华人民共和国对外贸易法》、《中华人民共和国海关法》和商务部、海关总署、国家外汇管理局等部门发布的相关规定等办理。

3. 本协议书一式__2__份，经双方签字或盖章后生效。

4. 本协议在九州河西区签订。

甲方：________________

法定代表人：张志鹏

（或授权签约人）：

乙方：________________

法定代表人 王一鸣

（或授权签约人）：

教学票样

合　同
CONTRACT

Contract No.____________

Date: ____________

买方 The buyers: NANA Co.,Ltd
地址 Address: 1235 S. Baldwin Ave., Arcadia, CA 91016
电话 Tel: 传真 Fax:

卖方 The sellers: 华问鑫亿食品进出口有限公司
地址 Address: 九州市河西区融贸路 128 号
电话 Tel: 011-86253366 传真 Fax: 0078-625-8913665

兹双方同意按下列条款由卖方出售，买方购进下列货物（CIF 价交易，佣金 2%）：
The Seller agrees to sell and the Buyer agrees to buy the under mentioned goods on the terms and conditions stated below:

(1)货物名称、规格、包装及装运唛头 Name of Commodity, Specifications , Packing and Shipping Marks	(2)数 量 Quantity	(3)单价 Unit Price CIF MOJI seaport (USD/PCS)	(4)总值 Total Amount
Tsingtao Beer 青岛啤酒 500ml*12	81200 PCS	14.29	CIF JIUZHOU USD 1，160,000.00

(5)装运条款和交货期：于合同生效后 01 月 15 日前以海运形式送货到达 WILMINGTON USA 港口。

Shipping terms and delivery time: the goods shall be delivered by sea to Wilmington USA port before January 15 after the contract comes into force.

(6)付款条件：买方应通过买卖双方同意的银行，开立以卖方为受益人的、不可撤销、转让和分割的，允许分批装运和转船的信用证。

Terms of payment: the buyer shall open an irrevocable, transferable and divisible letter of credit in favor of the seller, allowing partial shipment and transshipment through a bank agreed by the buyer and the seller.

(7) 保险：按发票金额 110%保一切险及战争险（中国人民保险公司条款）。

Insurance : To be covered by the seller for 110% of invoice value against all risks and war risk as per the clause of the People' Insurance Co. of China.

(8) 品质与数量、重量的异议与索赔：货到最终目的地后，买方如发现货物品质或数量/重量与合同规定不符,除属于保险公司货船公司的责任外,买方可以凭双方同意的检验机构出具的检验证明向卖方提出异议,品质异议须在货到最终目的地之日起 60 天内提出,数量/重量异议须在货到最终目的地之日起 30 天内提出。

Quality /Quantity/Weight Discrepancy and Claim: In case the quality and /or quantity/weight are found by the Buyer not to conform with the contract after arrival of the goods at the final destination, the Buyer may lodge a claim against the seller

supported by a survey report issued by an inspection organization agreed upon by both parties with the exception of those claims for which the insurance company and /or the shipping company are to be held responsible. Claim for quality discrepancy should be filed by the Buyer within 60 days after arrival of the goods at the final destination while for quantity / weight discrepancy claim should be filed by the Buyer within 30 days after arrival of the goods at the final destination.

(9) 人力不可抗拒：本合同内所述全部或部分商品，如因人力不可抗拒的原因,使卖方不能履约或延期交货,卖方不负任何责任。

Force Majeure: The Seller shall not be held responsible for failure or delay in delivery of the entire or portion of the goods under this contract in consequence of any Force Majeure incidents.

(10) 仲裁：凡执行本合同或与合同有关事项所发生的一切争执，应由双方通过友好方式协商解决。如果不能达成协议，应提交中国国际贸易促进委员会对外贸易仲裁委员会，根据该仲裁委员会的仲裁程序暂行规定进行仲裁，仲裁裁决是终局的，对双方都有约束力。仲裁费用除非仲裁另有决定外，均由败诉一方承担。

Arbitration: All disputes in connection with this Contract or the execution thereof shall be settled through friendly negotiations. If no settlement can be reached, the case shall then be submitted to the Foreign Trade Arbitration Commission of the China Council for the Promotion of International Trade, for settlement by arbitration in accordance with the Commission's Provisional Rules of Procedure. The award rendered by the Commission shall be final and binding on both parties. The arbitration expenses shall be borne by the losing party unless otherwise award by the arbitration organization.

(11) 买方银行信息：

The buyer's bank information:

华闫鑫亿食品进出口有限公司

THE SELLER:

NANA Co. LTD
1235 S. BALDWIN AVE., ARCADIA, CA91016

THE BUYER:

---　　　---

中国银行 BANK OF CHINA

代发工资清单

教学票样

企业名称：华问鑫亿食品进出口有限公司　　　　日期：2019年12月15日

序号（必填）	账号（必填）	户名（必填）	金额（必填）	跨行标识（选填 中行填1 其他填0）
1	1021101011987111211	王一鸣	7848.45	1
2	1021101011981091812	柯琪琪	4808.50	1
3	1021101011984032253	徐琪	4913.41	1
4	1021101011976082054	程芳华	4319.50	1
5	1021101011976092325	张末	3667.50	1
6	1021101011979042846	周子洛	3260.00	1
7	1023501041975101187	江云	4930.05	1
8	1021101011974051528	陈萍	4319.50	1
9	1021101011981031319	方淮	3667.50	1
10	1021101011980021510	罗子琪	3260.00	1
11	1021101011983080911	葛佳敏	2934.00	1
12	1021304021978022212	陆浩然	6087.24	1
13	1021304021987050413	王成文	4808.50	1
14	1021304021992012314	雷琳	4075.00	1
15	1021304021990092515	张启名	4075.00	1
16	1021304021986110916	卢广全	4808.50	1
17	1023508011977080117	吴大伟	4075.00	1
18	1021303011989122518	宁天峰	4075.00	1
19	1021303011978112619	张孝忠	6381.45	1
20	1021303011988012920	顾军	4664.24	1
21	1021303011984121821	梁博宇	4268.97	1
22	1021310011986062322	范志胜	4238.00	1
23	1021310011972092723	河洛	4822.35	1
24	1021310011977073024	邱心志	4268.97	1
25	1021310011988062125	田征	4401.00	1
26	1023701041973062026	刘怀安	4901.41	1
27	1022307081987021927	史淑云	3667.50	1
28	1022307081973101928	洪玲奇	3667.50	1

2019年12月份工资汇总表

部门	姓名	基本工资	岗位工资	工龄工资	奖金	应发合计	代扣社保及公积金					专项附加扣除							个人所得税	实发合计
							养老保险	医疗保险	失业保险	住房公积金	小计	子女教育	继续教育	大病医疗	住房贷款利息	住房租金	赡养老人	小计		
总经办	王一鸣	7,000.00	2,500.00	200.00	2,000.00	11,700.00	936.00	234.00	58.50	936.00	2,164.50							-	953.55	8,581.95
总经办	柯琪琪	4,000.00	1,200.00	200.00	1,000.00	6,400.00	512.00	128.00	32.00	512.00	1,184.00	1,000.00						1,000.00		5,216.00
行政部	徐琪	4,000.00	1,500.00	200.00	1,000.00	6,700.00	536.00	134.00	33.50	536.00	1,239.50		400.00					400.00	151.82	5,308.68
行政部	程芳华	3,500.00	1,200.00	200.00	800.00	5,700.00	456.00	114.00	28.50	456.00	1,054.50							-		4,645.50
行政部	张末	3,000.00	1,000.00	200.00	600.00	4,800.00	384.00	96.00	24.00	384.00	888.00					500.00		500.00		3,912.00
行政部	周子洛	3,000.00	600.00	100.00	600.00	4,300.00	344.00	86.00	21.50	344.00	795.50							-		3,504.50
财务部	江云	4,000.00	1,500.00	200.00	1,000.00	6,700.00	536.00	134.00	33.50	536.00	1,239.50							-	163.82	5,296.68
财务部	陈萍	3,500.00	1,200.00	200.00	800.00	5,700.00	456.00	114.00	28.50	456.00	1,054.50							-		4,645.50
财务部	方淮	3,000.00	1,000.00	200.00	600.00	4,800.00	384.00	96.00	24.00	384.00	888.00				500.00			500.00		3,912.00
财务部	罗子琪	3,000.00	600.00	100.00	600.00	4,300.00	344.00	86.00	21.50	344.00	795.50							-		3,504.50
财务部	葛佳敏	2,500.00	600.00	200.00	600.00	3,900.00	312.00	78.00	19.50	312.00	721.50							-		3,178.50
行政管理	**汇总**	**40,500.00**	**12,900.00**	**2,000.00**	**9,600.00**	**65,000.00**	**5,200.00**	**1,300.00**	**325.00**	**5,200.00**	**12,025.00**	**1,000.00**	**400.00**	**-**	**500.00**	**500.00**	**-**	**2,400.00**	**1,269.19**	**51,705.81**
采购部	陆浩然	5,000.00	1,500.00	200.00	2,000.00	8,700.00	696.00	174.00	43.50	696.00	1,609.50							-	621.34	6,469.16
采购部	王成文	3,500.00	1,200.00	200.00	2,000.00	6,900.00	552.00	138.00	34.50	552.00	1,276.50				500.00			500.00		5,623.50
采购部	雷琳	3,000.00	1,000.00	200.00	1,600.00	5,800.00	464.00	116.00	29.00	464.00	1,073.00							-		4,727.00
采购部	张启名	3,000.00	1,000.00	200.00	1,600.00	5,800.00	464.00	116.00	29.00	464.00	1,073.00		400.00					400.00		4,727.00
采购部	卢广全	3,500.00	1,200.00	200.00	2,000.00	6,900.00	552.00	138.00	34.50	552.00	1,276.50							-	129.11	5,494.39
采购部	吴大伟	3,000.00	1,000.00	200.00	1,600.00	5,800.00	464.00	116.00	29.00	464.00	1,073.00							-		4,727.00
采购部	宁天峰	3,000.00	1,000.00	200.00	1,600.00	5,800.00	464.00	116.00	29.00	464.00	1,073.00							-		4,727.00
采购部	**汇总**	**24,000.00**	**7,900.00**	**1,400.00**	**12,400.00**	**45,700.00**	**3,656.00**	**914.00**	**228.50**	**3,656.00**	**8,454.50**	**-**	**400.00**	**-**	**500.00**	**-**	**-**	**900.00**	**750.45**	**36,495.05**
销售部	张孝忠	6,000.00	1,500.00	200.00	2,000.00	9,700.00	776.00	194.00	48.50	776.00	1,794.50								790.55	7,114.95
销售部	顾军	3,500.00	1,200.00	200.00	2,000.00	6,900.00	552.00	138.00	34.50	552.00	1,276.50							-	168.70	5,454.80
销售部	梁博宇	3,000.00	1,000.00	200.00	2,400.00	6,600.00	528.00	132.00	33.00	528.00	1,221.00							-	161.37	5,217.63
销售部	范志胜	3,000.00	1,000.00	200.00	2,000.00	6,200.00	496.00	124.00	31.00	496.00	1,147.00	1,000.00						1,000.00		5,053.00
销售部	河洛	3,500.00	1,200.00	200.00	2,400.00	7,300.00	584.00	146.00	36.50	584.00	1,350.50							-	178.48	5,771.02
销售部	邱心志	3,000.00	1,000.00	200.00	2,400.00	6,600.00	528.00	132.00	33.00	528.00	1,221.00							-	161.37	5,217.63
销售部	田征	3,000.00	1,000.00	200.00	2,400.00	6,600.00	528.00	132.00	33.00	528.00	1,221.00						1,000.00	1,000.00		5,379.00
销售部	**汇总**	**25,000.00**	**7,900.00**	**1,400.00**	**15,600.00**	**49,900.00**	**3,992.00**	**998.00**	**249.50**	**3,992.00**	**9,231.50**	**1,000.00**	**-**	**-**	**-**	**-**	**1,000.00**	**2,000.00**	**1,460.47**	**39,208.03**
储运部	刘怀安	4,000.00	1,500.00	200.00	1,000.00	6,700.00	536.00	134.00	33.50	536.00	1,239.50							-	163.81	5,296.69
储运部	史淑云	3,000.00	1,000.00	200.00	600.00	4,800.00	384.00	96.00	24.00	384.00	888.00				500.00			500.00		3,912.00
储运部	洪玲奇	3,000.00	1,000.00	200.00	600.00	4,800.00	384.00	96.00	24.00	384.00	888.00							-		3,912.00
储运部	**汇总**	**10,000.00**	**3,500.00**	**600.00**	**2,200.00**	**16,300.00**	**1,304.00**	**326.00**	**81.50**	**1,304.00**	**3,015.50**	**-**	**-**	**-**	**500.00**	**-**	**-**	**500.00**	**163.81**	**13,120.69**
总计		**99,500.00**	**32,200.00**	**5,400.00**	**39,800.00**	**176,900.00**	**14,152.00**	**3,538.00**	**884.50**	**14,152.00**	**32,726.50**	**2,000.00**	**800.00**	**-**	**1,500.00**	**500.00**	**1,000.00**	**5,800.00**	**3,643.92**	**140,529.58**

负责人：王一鸣　　　　制表人：陈萍

2019年12月社会保险费及住房公积金计算汇总表

部门	员工姓名	企业						个人				合计					
		养老保险	医疗保险	失业保险	工伤保险	生育保险	住房公积金	养老保险	医疗保险	失业保险	住房公积金	养老保险	医疗保险	失业保险	工伤保险	生育保险	住房公积金
总经办	王一鸣	1,872.00	702.00	58.50	11.70	58.50	936.00	936.00	234.00	58.50	936.00	2,808.00	936.00	117.00	11.70	58.50	1,872.00
总经办	柯琪琪	1,024.00	384.00	32.00	6.40	32.00	512.00	512.00	128.00	32.00	512.00	1,536.00	512.00	64.00	6.40	32.00	1,024.00
行政部	徐琪	1,072.00	402.00	33.50	6.70	33.50	536.00	536.00	134.00	33.50	536.00	1,608.00	536.00	67.00	6.70	33.50	1,072.00
行政部	程芳华	912.00	342.00	28.50	5.70	28.50	456.00	456.00	114.00	28.50	456.00	1,368.00	456.00	57.00	5.70	28.50	912.00
行政部	张末	768.00	288.00	24.00	4.80	24.00	384.00	384.00	96.00	24.00	384.00	1,152.00	384.00	48.00	4.80	24.00	768.00
行政部	周子洛	688.00	258.00	21.50	4.30	21.50	344.00	344.00	86.00	21.50	344.00	1,032.00	344.00	43.00	4.30	21.50	688.00
财务部	江云	1,072.00	402.00	33.50	6.70	33.50	536.00	536.00	134.00	33.50	536.00	1,608.00	536.00	67.00	6.70	33.50	1,072.00
财务部	陈萍	912.00	342.00	28.50	5.70	28.50	456.00	456.00	114.00	28.50	456.00	1,368.00	456.00	57.00	5.70	28.50	912.00
财务部	方淮	768.00	288.00	24.00	4.80	24.00	384.00	384.00	96.00	24.00	384.00	1,152.00	384.00	48.00	4.80	24.00	768.00
财务部	罗子琪	688.00	258.00	21.50	4.30	21.50	344.00	344.00	86.00	21.50	344.00	1,032.00	344.00	43.00	4.30	21.50	688.00
财务部	葛佳敏	624.00	234.00	19.50	3.90	19.50	312.00	312.00	78.00	19.50	312.00	936.00	312.00	39.00	3.90	19.50	624.00
行政管理	**汇总**	**10,400.00**	**3,900.00**	**325.00**	**65.00**	**325.00**	**5,200.00**	**5,200.00**	**1,300.00**	**325.00**	**5,200.00**	**15,600.00**	**5,200.00**	**650.00**	**65.00**	**325.00**	**10,400.00**
采购部	陆浩然	1,392.00	522.00	43.50	8.70	43.50	696.00	696.00	174.00	43.50	696.00	2,088.00	696.00	87.00	8.70	43.50	1,392.00
采购部	王成文	1,104.00	414.00	34.50	6.90	34.50	552.00	552.00	138.00	34.50	552.00	1,656.00	552.00	69.00	6.90	34.50	1,104.00
采购部	雷琳	928.00	348.00	29.00	5.80	29.00	464.00	464.00	116.00	29.00	464.00	1,392.00	464.00	58.00	5.80	29.00	928.00
采购部	张启名	928.00	348.00	29.00	5.80	29.00	464.00	464.00	116.00	29.00	464.00	1,392.00	464.00	58.00	5.80	29.00	928.00
采购部	卢广全	1,104.00	414.00	34.50	6.90	34.50	552.00	552.00	138.00	34.50	552.00	1,656.00	552.00	69.00	6.90	34.50	1,104.00
采购部	吴大伟	928.00	348.00	29.00	5.80	29.00	464.00	464.00	116.00	29.00	464.00	1,392.00	464.00	58.00	5.80	29.00	928.00
采购部	宁天峰	928.00	348.00	29.00	5.80	29.00	464.00	464.00	116.00	29.00	464.00	1,392.00	464.00	58.00	5.80	29.00	928.00
行政管理	**汇总**	**7,312.00**	**2,742.00**	**228.50**	**45.70**	**228.50**	**3,656.00**	**3,656.00**	**914.00**	**228.50**	**3,656.00**	**10,968.00**	**3,656.00**	**457.00**	**45.70**	**228.50**	**7,312.00**
销售部	张孝忠	1,392.00	582.00	48.50	9.70	48.50	776.00	776.00	194.00	48.50	776.00	2,168.00	776.00	97.00	9.70	48.50	1,552.00
销售部	顾军	944.00	414.00	34.50	6.90	34.50	552.00	552.00	138.00	34.50	552.00	1,496.00	552.00	69.00	6.90	34.50	1,104.00
销售部	梁博宇	864.00	396.00	33.00	6.60	33.00	528.00	528.00	132.00	33.00	528.00	1,392.00	528.00	66.00	6.60	33.00	1,056.00
销售部	范志胜	832.00	372.00	31.00	6.20	31.00	496.00	496.00	124.00	31.00	496.00	1,328.00	496.00	62.00	6.20	31.00	992.00
销售部	河洛	976.00	438.00	36.50	7.30	36.50	584.00	584.00	146.00	36.50	584.00	1,560.00	584.00	73.00	7.30	36.50	1,168.00
销售部	邱心志	864.00	396.00	33.00	6.60	33.00	528.00	528.00	132.00	33.00	528.00	1,392.00	528.00	66.00	6.60	33.00	1,056.00
销售部	田征	864.00	396.00	33.00	6.60	33.00	528.00	528.00	132.00	33.00	528.00	1,392.00	528.00	66.00	6.60	33.00	1,056.00
销售部	**汇总**	**6,736.00**	**2,994.00**	**249.50**	**49.90**	**249.50**	**3,992.00**	**3,992.00**	**998.00**	**249.50**	**3,992.00**	**10,728.00**	**3,992.00**	**499.00**	**49.90**	**249.50**	**7,984.00**
储运部	刘怀安	992.00	402.00	33.50	6.70	33.50	536.00	536.00	134.00	33.50	536.00	1,528.00	536.00	67.00	6.70	33.50	1,072.00
储运部	史淑云	720.00	288.00	24.00	4.80	24.00	384.00	384.00	96.00	24.00	384.00	1,104.00	384.00	48.00	4.80	24.00	768.00
储运部	洪玲奇	720.00	288.00	24.00	4.80	24.00	384.00	384.00	96.00	24.00	384.00	1,104.00	384.00	48.00	4.80	24.00	768.00
储运部	**汇总**	**2,432.00**	**978.00**	**81.50**	**16.30**	**81.50**	**1,304.00**	**1,304.00**	**326.00**	**81.50**	**1,304.00**	**3,736.00**	**1,304.00**	**163.00**	**16.30**	**81.50**	**2,608.00**
总计		26,880.00	10,614.00	884.50	176.90	884.50	14,152.00	14,152.00	3,538.00	884.50	14,152.00	41,032.00	14,152.00	1,769.00	176.90	884.50	28,304.00

固定资产折旧清单（2019年12月末）

类别	固定资产名称	规格	原值	购置日期	数量	折旧年限	月折旧额	累计折旧	使用部门
房屋及建筑物	办公楼	1500平方米							
机器设备	全自动打包机	BTI-50+BTH-50全自动四角边封机							
运输设备	商务车	东风本田艾力绅							
	小轿车	奔驰C级							
	货车	福田时代							
	叉车	合力电动							
电子设备	电脑	联想ideacentre AIO 520-22IKL							
	复印打印一体机	HP LaserJet Pro MFP M128fw							
	空调	格力							
		合计							

教学票样

HUAWEN XINYI FOOD IMPORT AND EXPORT CO., LTD
NO. 128 RONGMAO ROAD, HEXI,
JIUZHOU, CHINA

FAX: 0078-625-8913665
TEL: 0078-625-8913665
POST CODE: 100000

COMMERCIAL INVOICE

INVOICE NO. HW1-18-096 **CONTRACT NO. HW1CK18-001** DATE: 2019-12-08

MESSRS. START CO., LTD 2785 Belmont Avenue, Durham, NC, 36800 -USA		TERM OF PAYMENT: 60DAYS AFTER BL DATE DATE OF SHIPMENT: 9TH DEC, 2019 PORT OF LOADING: JIUZHOU CHINA PORT OF DISCHARGE: WILMINGTON USA		
ART No.	HS CODE	QUANTITY	UNIT PRICE (USD)	TOTAL AMOUNT FOB JIUZHOU
Canned lobster A 龙虾罐头 A 级	1605201991	3600 PCS	10.00	USD 36,000.00
Canned lobster B 龙虾罐头 B 级	1605201991	2400 PCS	15.00	USD 36,000.00
Canned lobster C 龙虾罐头 C 级	1605201991	2880 PCS	20.00	USD 57,600.00
TOTAL		8880 PCS		USD 129,600.00

贸易方式：一般贸易

HUAWEN XINYI FOOD IMPORT AND EXPORT CO., LTD
华问鑫亿食品进出口有限公司

HUAWEN XINYI FOOD IMPORT AND EXPORT CO., LTD

教学票样

HUAWEN XINYI FOOD IMPORT AND EXPORT CO., LTD
NO. 128 RONGMAO ROAD, HEXI,
JIUZHOU, CHINA

FAX:0078-625-8913665
TEL:0078-625-8913665
POST CODE:100000

COMMERCIAL INVOICE

INVOICE NO. HW1-18-097 **CONTRACT NO. HW1CK18-002** DATE:2019-12-13

MESSRS. Future CO., LTD RBS, Admiralty Arch, 52 Charing Cross Rd, London SW2A 3DX		TERM OF PAYMENT:60DAYS AFTER BL DATE DATE OF SHIPMENT:13TH DEC, 2019 PORT OF LOADING:JIUZHOU CHINA PORT OF DISCHARGE: Port of London		
ART No.	HS CODE	QUANTITY	UNIT PRICE	TOTAL AMOUNT
			(USD)	CIF JIUZHOU
Quick-frozen dumplings 速冻水饺 250g	1902200000	2400 PCS	6.50	USD 15,600.00
Quick-frozen dumplings 速冻水饺 500g	1902200000	2880 PCS	8.00	USD 23,040.00
Quick-frozen dumplings 速冻水饺 1000g	1902200000	1920 PCS	10.00	USD 19,200.00
TOTAL		7200 PCS		USD 57,840.00

贸易方式：一般贸易

HUAWEN XINYI FOOD IMPORT AND EXPORT CO., LTD
华问鑫亿食品进出口有限公司

HUAWEN XINYI FOOD IMPORT AND EXPORT CO., LTD

教学票样

九州增值税普通发票

011001983904

№ 10907826

（章：全国统一发票监制章 九州 国家税务总局监制）

发票联

开票日期：2019-12-09

校验码 57129 75886 78215 34589

购买方	名　　称：华问鑫亿食品进出口有限公司 纳税人识别号：91621300250502013K 地 址、电 话：九州市河西区融贸路128号 011-86253366 开户行及账号：中国银行九州河西分行 1015 1085 5673	密码区	>>112681*+2372532169352*9102 455>1/<863>*19-*4<>446015356 >525310/251++54/*71>3-82<>><

货物或应税劳务名称	规格型号	单位	数量	单价	金额	税率	税额
*物流辅助服务*港杂费		项	1.00	2,427.18	2,427.18	3%	72.82
合　　计					¥2,427.18		¥72.82
价税合计（大写）	⊗贰仟伍佰元整				（小写）¥2,500.00		

销售方	名　　称：九州仓山码头有限公司 纳税人识别号：91110700138017252H 地 址、电 话：九州江北区赣西大道198号 011-68754511 开户行及账号：中国工商银行江北支行 150202 542121 5962388	备注	现金付讫

收款人：徐晨　　复核：吴俊耀　　开票人：程珂　　销售方：（章）

（章：九州仓山码头有限公司 91110700138017252H 发票专用章）

第二联：发票联 购买方记账凭证

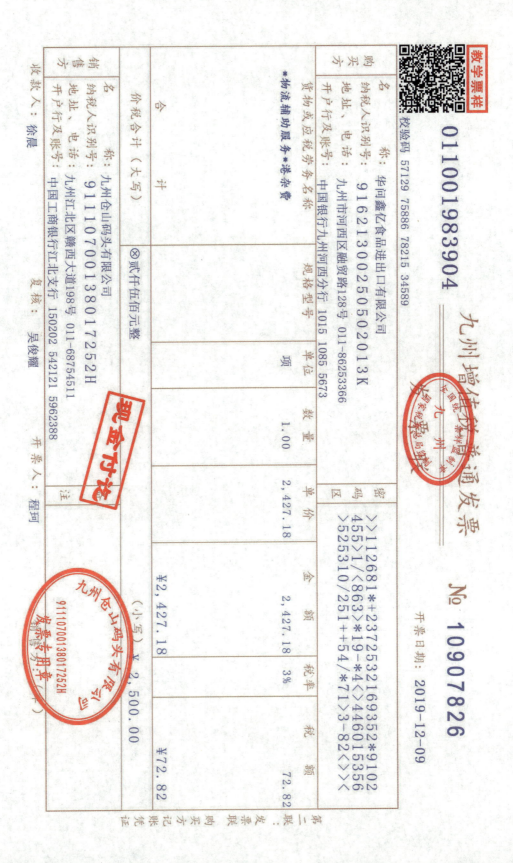

教学票样

011001986204

九州增值税普通发票

№ 35811745

校验码 62129 25886 75215 21575

开票日期：2019-12-10

（印章：全国统一发票监制章 九州 国家税务总局监制）

购买方

名　　称：华问鑫亿食品进出口有限公司

纳税人识别号：91621300250502013K

地址、电话：九州市河西区融贸路128号 011-86253366

开户行及账号：中国银行九州河西分行 1015 1085 5673

密码区

>>321681*+2112532169352*6102
455>1/<863>*19-*5<>446015356
>525310/251++54/*52>3-19<>><

货物或应税劳务名称	规格型号	单位	数量	单价	金额	税率	税额
*国际运输代理服务*海运运费		项	1.00	1,123.20	1,123.20	0%	-
合　　计					¥1,123.20		-

价税合计（大写）　⊗壹仟壹佰贰拾叁元贰角　（小写）¥1,123.20

销售方

名　　称：九州顺达国际代运代理有限公司

纳税人识别号：91112502358867212K

地址、电话：九州江南区和顺路368号 011-87552418

开户行及账号：中国银行和顺路支行 1001 6358 1213

备注

（印章：九州顺达国际代运代理有限公司 91112502358867212K 发票专用章）

收款人：冯国超　　复核：程江丽　　开票人：罗元丽　　销售方：（章）

第二联：发票联　购买方记账凭证

教学票样

九州增值税普通发票

011001986204　　　　№ 35811746

校验码 62111 25886 75215 11576　　　　开票日期：2019-12-10

全国统一票样监制章 九州 国家税务总局监制

购买方		密码区
名　　称：	华问鑫亿食品进出口有限公司	>>131681*+2211832154252*5112
纳税人识别号：	91621300250502013K	455>1/<163>*11-*5<>345015356
地址、电话：	九州市河西区融贸路128号 011-86253366	>525310/251++24/*42>2-93<>><
开户行及账号：	中国银行九州河西分行 1015 1085 5673	

货物或应税劳务名称	规格型号	单位	数量	单价	金额	税率	税额
*国际运输代理服务*代理保险费		项	1.00	845.91	845.91	0%	-
合　　计					¥ 845.91		-
价税合计（大写）	⊗捌佰肆拾伍元玖角壹分				（小写）¥ 845.91		

销售方		备注
名　　称：	九州顺达国际代运代理有限公司	
纳税人识别号：	91112502358867212K	
地址、电话：	九州江南区和顺路368号 011-87552418	
开户行及账号：	中国银行和顺路支行 1001 6358 1213	

九州顺达国际代运代理有限公司 91112502358867212K 发票专用章

收款人：冯国超　　复核：程江丽　　开票人：罗元丽　　销售方：（章）

第二联：发票联 购买方记账凭证

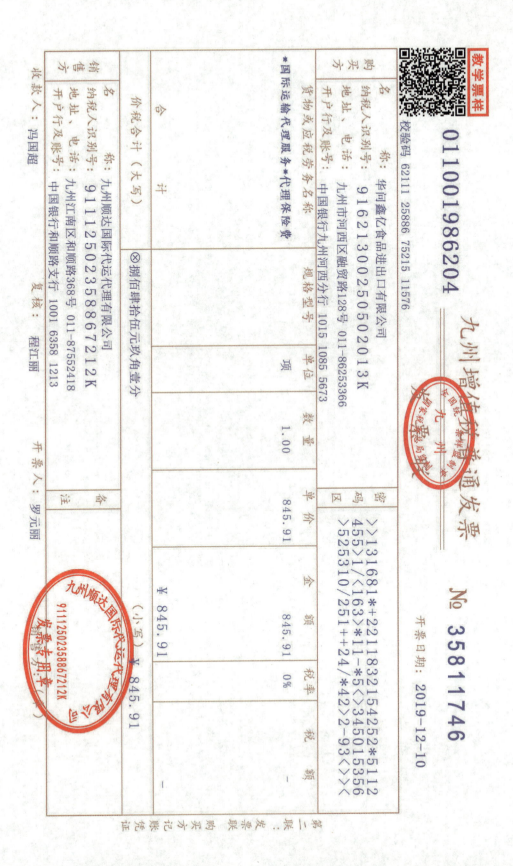

教学票样

九州增值税普通发票

011001986204

№ 35811763

校验码 52189 15886 55216 71575

开票日期：2019-12-12

购买方

名　　称：九州清河酒饮有限公司
纳税人识别号：91110500MA2887135H
地址、电话：九州市云天区金融大街95号 011-62348899
开户行及账号：中国工商银行云天分行 62413 001085 5617325

密码区

>>221681*+1212532169352*6102
455>1/<863>*19-*5<>566015356
>525310/251++54/*82>3-52<>><

货物或应税劳务名称	规格型号	单位	数量	单价	金额	税率	税额
*国际运输代理服务*代理运保费		项	1.00	351,500.00	351,500.00	0%	-
合　　计					¥351,500.00		-

价税合计（大写）⊗叁拾伍万壹仟伍佰元整　（小写）¥351,500.00

销售方

名　　称：九州顺达国际代运代理有限公司
纳税人识别号：91112502358867212K
地址、电话：九州江南区和顺路368号 011-87552418
开户行及账号：中国银行和顺路支行 1001 6358 1213

备注

收款人：冯国超　复核：程江丽　开票人：罗元丽　销售方：（章）

第二联：发票联 购买方记账凭证

全国统一发票监制章 九州 国家税务总局监制

九州顺达国际代运代理有限公司 91112502358867212K 发票专用章

教学票样

九州增值税普通发票

011001983904　　　　№ 10907848

开票日期：2019-12-12

校验码 37128 55112 58115 44287

购买方	名　　称：九州清河酒饮有限公司 纳税人识别号：91110500MA2887135H 地 址、电 话：九州市云天区金融大街95号 011-62348899 开户行及账号：中国工商银行云天分行 62413 001085 5617325	密码区	>>212381*+98725321693 52*9102 455>1/<863>*19-*4<>446015356 >525310/251++54/*72>1-65<>><

货物或应税劳务名称	规格型号	单位	数量	单价	金额	税率	税额
*物流辅助服务*港杂费		项	1.00	9,009.71	9,009.71	3%	270.29
合　　计					¥9,009.71		¥270.29
价税合计（大写）	⊗玖仟贰佰捌拾元整				（小写）¥9,280.00		

销售方	名　　称：九州仓山码头有限公司 纳税人识别号：911107001380172 52H 地 址、电 话：九州江北区赣西大道198号 011-68754511 开户行及账号：中国工商银行江北支行 150202 542121 5962388	备注	

收款人：徐晨　　复核：吴俊耀　　开票人：程珂　　销售方：（章）

第二联：发票联　购买方记账凭证

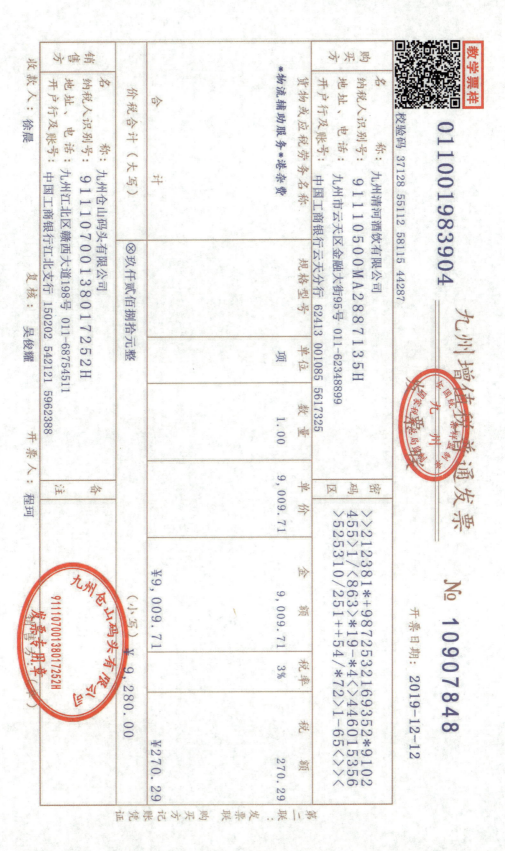

教学票样

九州增值税电子普通发票

发票代码：111001942011
发票号码：62433498
开票日期：2019年12月12日
校 验 码：54213 73861 54613 34506

机器编号：661566593008

购买方	名　　称：华问鑫亿食品进出口有限公司 纳税人识别号：91621300250502013K 地 址、电 话：九州市河西区融贸路128号 011-86253366 开户行及账号：中国银行九州河西分行 1015 1085 5673	密码区	>>112675*+8692532169352*850 2455>1/<863>*23-*4<>4460122 24>475310/251++54/*11>3-98< >><-5301-5589+19423<64>1234

货物或应税劳务名称	规格型号	单位	数 量	单 价	金 额	税率	税 额
*电信服务*通信服务费			1.00	2,620.00	2,620.00	*	*
合　　计					¥2,620.00		*
价税合计（大写）	⊗贰仟陆佰贰拾元整				（小写）¥2,620.00		

销售方	名　　称：中国电信股份有限公司九州分公司 纳税人识别号：91136011066878 75DX 地 址、电 话：九州东湖区洪都大道11号 011-83848821 开户行及账号：中国银行东湖区支行 622102131452	备注	

收款人：hq539341　　复核：bb105004　　开票人：hq539341　　销售方：（章）

（印章：全国统一发票监制章 九州 国家税务总局监制）

（印章：中国电信股份有限公司九州分公司 91136011066887875DX 发票专用章）

教学票样

九州增值税普通发票

0110019839O4 № 10907859

校验码 57216 35112 17215 58281 开票日期：2019-12-13

购买方	名　　称：华问鑫亿食品进出口有限公司 纳税人识别号：91621300250502013K 地址、电话：九州市河西区融贸路128号 011-86253366 开户行及账号：中国银行九州河西分行 1015 1085 5673				密码区	>>612381*+237253215135 2*8102 455>1/<863>*19-*4<>446015356 >257310/211++54/*54>1-52<>><	
货物或应税劳务名称	规格型号	单位	数量	单价	金额	税率	税额
*物流辅助服务*港杂费		项	1.00	1,213.59	1,213.59	3%	36.41
合　　计					¥1,213.59		¥36.41
价税合计（大写）	⊗壹仟贰佰伍拾元整				（小写）¥1,250.00		
销售方	名　　称：九州仓山码头有限公司 纳税人识别号：91110700138017252H 地址、电话：九州江北区赣西大道198号 011-68754511 开户行及账号：中国工商银行江北支行 150202 542121 5962388				注		

收款人：徐晨　　复核：吴俊耀　　开票人：程珂　　销售方：（章）

第二联：发票联 购买方记账凭证

现金付讫

九州仓山码头有限公司 91110700138017252H 发票专用章

教学票样

九州增值税普通发票

011001986204 № 35811772

校验码 71128 25115 75315 21595

开票日期：2019-12-14

购买方	名称：华问鑫亿食品进出口有限公司 纳税人识别号：91621300250502013K 地址、电话：九州市河西区融贸路128号 011-86253366 开户行及账号：中国银行九州河西分行 1015 1085 5673	密码区	>>321671*+2212532169352*6102 455>1/<763>*81-*5<>446015356 >525310/341++27/*52>3-53<>><

货物或应税劳务名称	规格型号	单位	数量	单价	金额	税率	税额
*国际运输代理服务*海运运费		项	1.00	14,040.00	14,040.00	0%	-
合计					¥14,040.00		-
价税合计（大写）	⊗壹万肆仟零肆拾元整				（小写）¥14,040.00		

销售方	名称：九州顺达国际代运代理有限公司 纳税人识别号：91112502358867212K 地址、电话：九州江南区和顺路368号 011-87552418 开户行及账号：中国银行和顺路支行 1001 6358 1213	备注	

收款人：冯国超　复核：程江丽　开票人：罗元丽　销售方：（章）

（印章：九州顺达国际代运代理有限公司 91112502358867212K 发票专用章）

第二联：发票联 购买方记账凭证

教学票样

九州增值税普通发票

011001986204　　№ 35811773

校验码 74612 25756 75215 11576

开票日期：2019-12-14

购买方	名　　称：华问鑫亿食品进出口有限公司 纳税人识别号：91621300250502013K 地址、电话：九州市河西区融贸路128号 011-86253366 开户行及账号：中国银行九州河西分行 1015 1085 5673	密码区	>>921681*+2211832114252*5112 455>1/<163>*33-*5<>345015356 >526310/251++24/*42>2-68<>><

货物或应税劳务名称	规格型号	单位	数量	单价	金额	税率	税额
*国际运输代理服务*代理保险费		项	1.00	3,573.18	3,573.18	0%	-
合计					¥ 3,573.18		-
价税合计（大写）	⊗叁仟伍佰柒拾叁元壹角捌分				（小写）¥ 3,573.18		

销售方	名　　称：九州顺达国际代运代理有限公司 纳税人识别号：91112502358867212K 地址、电话：九州江南区和顺路368号 011-87552418 开户行及账号：中国银行和顺路支行 1001 6358 1213	备注	

收款人：冯国超　　复核：程江丽　　开票人：罗元丽　　销售方：（章）

第二联：发票联　购买方记账凭证

九州顺达国际代运代理有限公司 91112502358867212K 发票专用章

教学票样

九州增值税普通发票

011001986204　　№ 35811785

校验码 83119 15236 16216 81575　　开票日期：2019-12-15

购买方		密码区	
名称：	星辰光影日化有限公司		>>651781*+1287432169352*6102
纳税人识别号：	91102500HK2127876L		455>1/<863>*19-*5<>542015351
地址、电话：	九州市云天区名仕路666号 011-623412387		>525310/251++54/*82>4-58<>><
开户行及账号：	中国工商银行云天分行 62112 101032 5117927		

货物或应税劳务名称	规格型号	单位	数量	单价	金额	税率	税额
*国际运输代理服务*代理运保费		项	1.00	14,277.12	14,277.12	0%	-
合计					¥14,277.12		-
价税合计（大写）	⊗壹万肆仟贰佰柒拾柒元壹角贰分				（小写）¥14,277.12		

销售方		备注
名称：	九州顺达国际代运代理有限公司	
纳税人识别号：	91112502358867212K	
地址、电话：	九州江南区和顺路368号 011-87552418	
开户行及账号：	中国银行和顺路支行 1001 6358 1213	

收款人：冯国超　　复核：程江丽　　开票人：罗元丽　　销售方：（章）

第二联：发票联　购买方记账凭证

九州顺达国际代运代理有限公司
91112502358867212K
发票专用章

全国统一发票监制章
九州
国家税务总局监制

教学票样

九州增值税普通发票

0110019862O4

№ 35811102

校验码 87121 25886 75215 12784

开票日期：2019-12-20

购买方	名称：华问鑫亿食品进出口有限公司 纳税人识别号：91621300250502013K 地址、电话：九州市河西区融贸路128号 011-86253366 开户行及账号：中国银行九州河西分行 1015 1085 5673			密码区	>>631681*+9213832854187*5212 455>1/<163>*11-*5<>345015356 >525310/251++24/*42>2-54<>><		
货物或应税劳务名称	规格型号	单位	数量	单价	金额	税率	税额
*国际运输代理服务*代理报关费		项	1.00	518.87	518.87	6%	31.13
合计					¥518.87		¥31.13
价税合计（大写）	⊗伍佰伍拾元整				（小写）¥550.00		
销售方	名称：九州顺达国际代运代理有限公司 纳税人识别号：91112502358867212K 地址、电话：九州江南区和顺路368号 011-87552418 开户行及账号：中国银行和顺路支行 1001 6358 1213			备注			

收款人：冯国超　　复核：程江丽　　开票人：罗元丽　　销售方：（章）

第二联：发票联 购买方记账凭证

现金付讫

九州顺达国际代运代理有限公司 91112502358867212K 发票专用章

全国统一发票监制章 九州 国家税务总局监制

教学票样

通行费

九州增值税电子普通发票

发票代码：111001942012
发票号码：12387159
开票日期：2019年12月31日
校 验 码：54213 73861 54613 34506

机器编号：661566593018

购买方	名称：华问鑫亿食品进出口有限公司 纳税人识别号：91621300250502013K 地址、电话：九州市河西区融贸路128号 011-86253366 开户行及账号：中国银行九州河西分行 1015 1085 5673				密码区	>>112675*+1292532169352*850 2455>1/<863>*23-*5<>4460122 24>475310/251++54/*11>3-98< >><-5301-5589+15823<11>1586	
项目名称	车牌号	类型	通行日期起	通行日起止	金额	税率	税额
*经营租赁*通行费		小轿车	20191201	20191231	320.00	3%	9.6
合计					¥320.00		9.6
价税合计（大写）	⊗叁佰贰拾玖元陆角				（小写）¥329.60		
销售方	名称：九州京昌高速公路开发有限公司 纳税人识别号：9113000061699338FX 地址、电话：九州丰和大道86号 011-87541123 开户行及账号：中国工商银行丰和支行 1011 2345 8752				备注		

收款人：hq539323　　复核：bb105008　　开票人：hq537845　　销售方：（章）

九州京昌高速公路开发有限公司 9113000061699338FX 发票专用章

教学票样

九州增值税普通发票

011001986204　　№ 96212938

校验码 62139 11236 21216 51131　　开票日期：2019-12-30

购买方	名　　称：华问鑫亿食品进出口有限公司 纳税人识别号：91621300250502013K 地址、电话：九州市河西区融贸路128号 011-86253366 开户行及账号：中国银行九州河西分行 1015 1085 5673	密码区	>>658981*+1187432169352*6102 455>1/<863>*25-*5<>542015351 >525310/251++54/*28>4-18<>><

货物或应税劳务名称	规格型号	单位	数量	单价	金额	税率	税额
*经营租赁*租金			1.00	14,128.44	14,128.44	9%	1,271.56
合　　计					¥14,128.44		1,271.56
价税合计（大写）	⊗壹万伍仟肆佰元整				（小写）¥15,400.00		

销售方	名　　称：九州山河置业有限责任公司 纳税人识别号：91111502353468121L 地址、电话：九州河西区广外路128号 011-83521416 开户行及账号：中国银行九州河西分行 1015 2618 1314	备注	

收款人：马元明　　复核：朱丽　　开票人：蒋元梅　　销售方：（章）

第二联：发票联　购买方记账凭证

九州山河置业有限责任公司 91111502353468121L 发票专用章

全国统一票样监制章 九州 国家税务总局监制

教学票样

4200199130

湖北增值税专用发票

发票联

№ 25781153

开票日期：2019-12-02

购买方	名称：华问鑫亿食品进出口有限公司 纳税人识别号：91621300250502013K 地址、电话：九州市河西区融贸路128号 011-86253366 开户行及账号：中国银行九州河西分行 1015 1085 5673	密码区	>>21675*+369257669352*92024 55>1/<863>*19-*4<>326012114> 475310/521++54/*23>3-25<>><>

货物或应税劳务名称	规格型号	单位	数量	单价	金额	税率	税额
*水产加工品*小龙虾罐头	A级	罐	2400.00	40.00	96,000.00	13%	12,480.00
*水产加工品*小龙虾罐头	B级	罐	2400.00	50.00	120,000.00	13%	15,600.00
*水产加工品*小龙虾罐头	C级	罐	2400.00	60.00	144,000.00	13%	18,720.00
*方便食品*速冻水饺	250g	包	2400.00	30.00	72,000.00	13%	9,360.00
*方便食品*速冻水饺	500g	包	2400.00	40.00	96,000.00	13%	12,480.00
*方便食品*速冻水饺	1000g	包	2400.00	50.00	120,000.00	13%	15,600.00
合计					￥648,000.00		￥84,240.00
价税合计（大写）	⊗柒拾叁万贰仟贰佰肆拾元整				（小写）￥732,240.00		

销售方	名称：武汉华益食品有限公司 纳税人识别号：9121071630816957LH 地址、电话：武汉市江汉区江兴路10号 027-84521178 开户行及账号：中国银行江兴支行 1120 5213 7546	备注	武汉华益食品有限公司 9121071630816957LH 发票专用章

收款人：余丽明　　复核：姜新伟　　开票人：陈欣瑶　　销售方：（章）

第三联：发票联 购买方记账凭证

教学票样

4200199130

湖北增值税专用发票

抵扣联

№ 25781153

开票日期： 2019-12-02

购买方	名　　称：华问鑫亿食品进出口有限公司 纳税人识别号：91621300250502013K 地址、电话：九州市河西区融贸路128号 011-86253366 开户行及账号：中国银行九州河西分行 1015 1085 5673	密码区	>>21675*+369257669352*92024 55>1/<863>*19-*4<>326012114> 475310/521++54/*23>3-25<>><>

货物或应税劳务名称	规格型号	单位	数量	单价	金额	税率	税额
*水产加工品*小龙虾罐头	A级	罐	2400.00	40.00	96,000.00	13%	12,480.00
*水产加工品*小龙虾罐头	B级	罐	2400.00	50.00	120,000.00	13%	15,600.00
*水产加工品*小龙虾罐头	C级	罐	2400.00	60.00	144,000.00	13%	18,720.00
*方便食品*速冻水饺	250g	包	2400.00	30.00	72,000.00	13%	9,360.00
*方便食品*速冻水饺	500g	包	2400.00	40.00	96,000.00	13%	12,480.00
*方便食品*速冻水饺	1000g	包	2400.00	50.00	120,000.00	13%	15,600.00
合　　计					￥648,000.00		￥84,240.00
价税合计（大写）	⊗柒拾叁万贰仟贰佰肆拾元整				（小写）￥732,240.00		

销售方	名　　称：武汉华益食品有限公司 纳税人识别号：91210716308169557LH 地址、电话：武汉市江汉区江兴路10号 027-84521178 开户行及账号：中国银行江兴支行 1120 5213 7546	备注	

收款人：余丽明　　复核：姜新伟　　开票人：陈欣瑶　　销售方：（章）

第二联：抵扣联 购买方扣税凭证

（印章：全国统一票样监制章 湖北 国家税务总局监制）

（印章：武汉华益食品有限公司 91210716308169557LH 发票专用章）

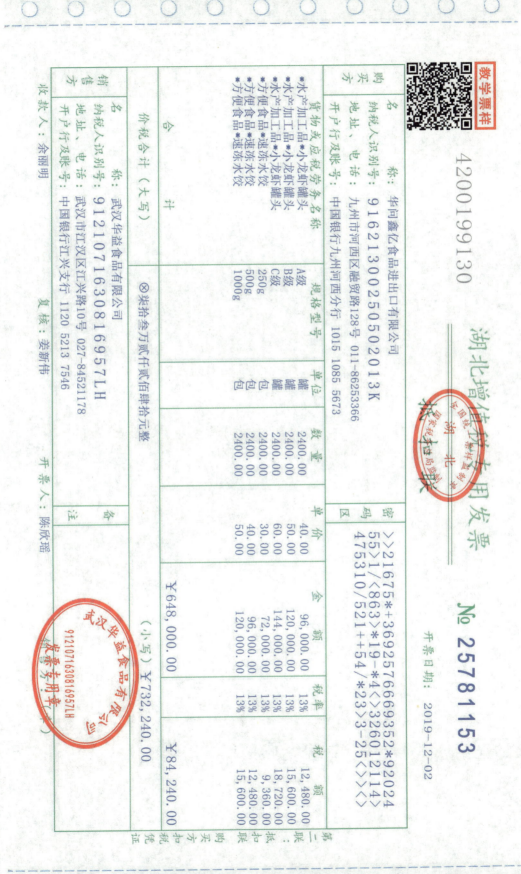

教学票样

1100198130

九州增值税专用发票

发票联

№ 00326785

开票日期：2019-12-02

购买方	名称：华问鑫亿食品进出口有限公司 纳税人识别号：91621300250502013K 地址、电话：九州市河西区融贸路128号 011-86253366 开户行及账号：中国银行九州河西分行 1015 1085 5673	密码区	>>32575*+3193572679352*82023 55>1/<251>*19-*4<>126012114> 475310/576++32/*71>8-54<>><>

货物或应税劳务名称	规格型号	单位	数量	单价	金额	税率	税额
*自来水*水费		吨	319.50	1.18	377.03	13%	49.01
合计					￥377.03		￥49.01
价税合计（大写）	⊗肆佰贰拾陆元零肆分				（小写）￥426.04		

销售方	名称：九州水业集团有限责任公司 纳税人识别号：91136010000007731SY 地址、电话：九州市灌婴路99号 011-83422108 开户行及账号：工行高新支行150100 102630 0010285	备注	

收款人：柯晓娜　　复核：顾峰　　开票人：蒋子尧　　销售方：（章）

第三联：发票联 购买方记账凭证

（印章：全国统一发票监制章 九州 国家税务总局监制）

（印章：九州水业集团有限责任公司 91136010000007731SY 发票专用章）

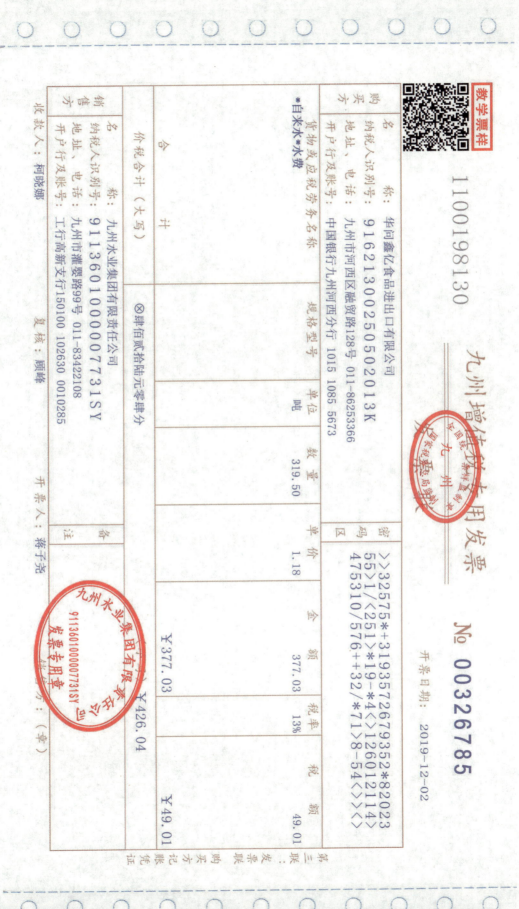

教学票样

1100198130

九州增值税专用发票

抵扣联

№ 00326785

开票日期：2019-12-02

购买方	名称：华问鑫亿食品进出口有限公司 纳税人识别号：91621300250502013K 地址、电话：九州市河西区融贸路128号 011-86253366 开户行及账号：中国银行九州河西分行 1015 1085 5673	密码区	>>32575*+3193572679352*82023 55>1/<251>*19-*4<>126012114> 475310/576++32/*71>8-54<>><>

货物或应税劳务名称	规格型号	单位	数量	单价	金额	税率	税额
*自来水*水费		吨	319.50	1.18	377.03	13%	49.01
合计					¥377.03		¥49.01
价税合计（大写）	⊗肆佰贰拾陆元零肆分				（小写）¥426.04		

销售方	名称：九州水业集团有限责任公司 纳税人识别号：91136010000007731SY 地址、电话：九州市灌婴路99号 011-83422108 开户行及账号：工行高新支行150100 102630 0010285	备注	九州水业集团有限责任公司 91136010000007731SY 发票专用章

收款人：柯晓娜　复核：顾峰　开票人：蒋子尧　销售方：（章）

第二联：抵扣联 购买方扣税凭证

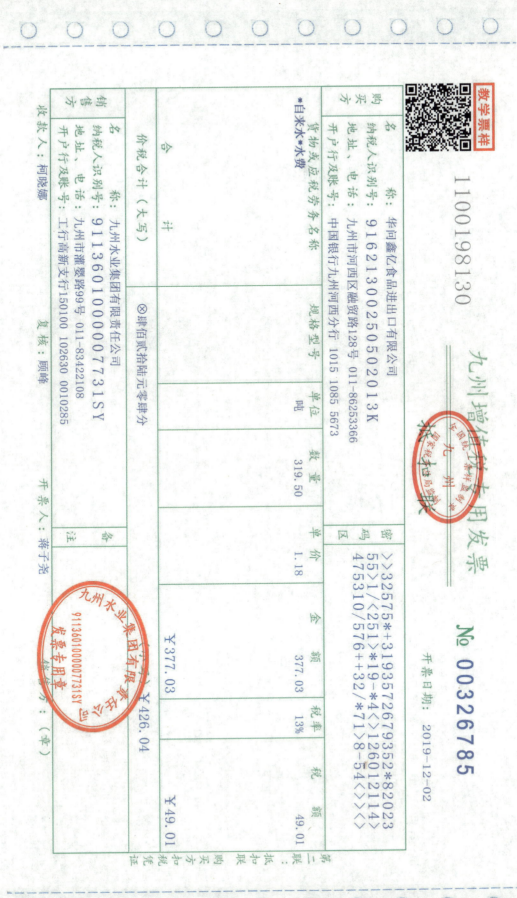

教学票样

1100199130

九州增值税专用发票

发票联

№ 01020998

开票日期： 2019-12-02

购买方	名　　称：华问鑫亿食品进出口有限公司 纳税人识别号：91621300250502013K 地址、电话：九州市河西区融贸路128号 011-86253366 开户行及账号：中国银行九州河西分行 1015 1085 5673	密码区	>>36155*+369257121 9352*92024 55>1/<263>*19-*4<>516013214> 475310/021++54/*49>7-87<>><>

货物或应税劳务名称	规格型号	单位	数量	单价	金额	税率	税额
*供电*电费		千瓦时	5,301.90	0.64	3,393.27	13%	441.13
合　计					￥3,393.27		￥441.13
价税合计（大写）	⊗叁仟捌佰叁拾肆元肆角				（小写）￥3,834.40		

销售方	名　　称：国家电网九州供电总公司 纳税人识别号：91136010000008930DW 地址、电话：九州市丰和中大道2号 011-81058866 开户行及账号：工行高新支行150100 111930 0082012	备注	

收款人：葛佳敏　　复核：程萍萍　　开票人：江林　　销售方：（章）

第三联：发票联　购买方记账凭证

全国统一票样监制章 九州 国家税务总局监制

国家电网九州供电总公司 91136010000008930DW 发票专用章

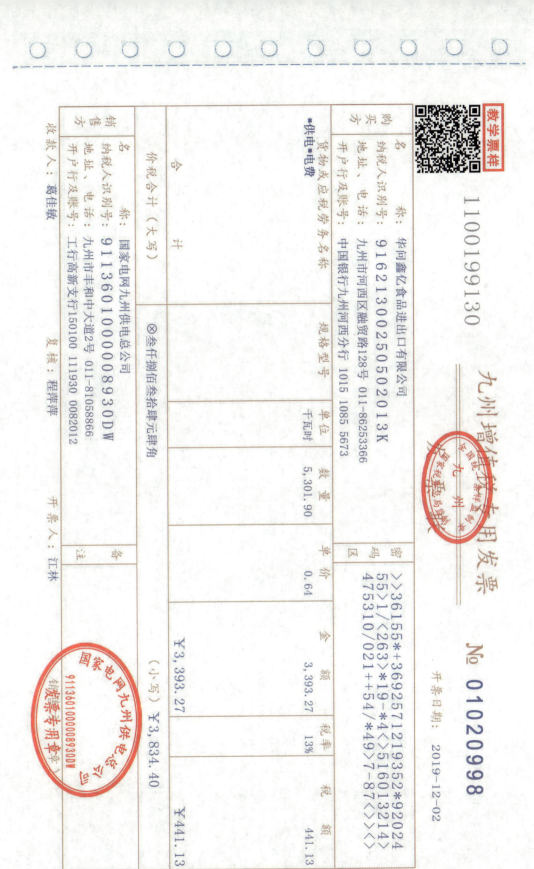

教学票样

1100199130

九州增值税专用发票

抵扣联

全国统一票样监制章 九州 国家税务总局监制

№ 01020998

开票日期：2019-12-02

购买方	名称：华问鑫亿食品进出口有限公司 纳税人识别号：91621300250502013K 地址、电话：九州市河西区融贸路128号 011-86253366 开户行及账号：中国银行九州河西分行 1015 1085 5673			密码区	>>36155*+369257121935 2*92024 55>1/<263>*19-*4<>516013214> 475310/021++54/*49>7-87<>><>		
货物或应税劳务名称	规格型号	单位	数量	单价	金额	税率	税额
*供电*电费		千瓦时	5,301.90	0.64	3,393.27	13%	441.13
合计					￥3,393.27		￥441.13
价税合计（大写）	⊗叁仟捌佰叁拾肆元肆角				（小写）￥3,834.40		
销售方	名称：国家电网九州供电总公司 纳税人识别号：91136010000008930DW 地址、电话：九州市丰和中大道2号 011-81058866 开户行及账号：工行高新支行150100 111930 0082012			备注	国家电网九州供电总公司 91136010000008930DW 发票专用章		

第二联：抵扣联 购买方扣税凭证

收款人：葛佳敏　　复核：程萍萍　　开票人：江林　　销售方：（章）

教学票样

4200199130

湖北增值税专用发票

发票联

№ 25781161

开票日期： 2019-12-05

购买方	名　　称：华问鑫亿食品进出口有限公司 纳税人识别号：91621300250502013K 地址、电话：九州市河西区融贸路128号 011-86253366 开户行及账号：中国银行九州河西分行 1015 1085 5673	密码区	>>61251*+3682572229352*91023 55>1/<863>*19-*4<>326012541> 687310/821++15/*25>2-89<>><>

货物或应税劳务名称	规格型号	单位	数量	单价	金额	税率	税额
*水产加工品*小龙虾罐头	A级	罐	120.00	40.00	4,800.00	13%	624.00
*水产加工品*小龙虾罐头	B级	罐	120.00	50.00	6,000.00	13%	780.00
*水产加工品*小龙虾罐头	C级	罐	120.00	60.00	7,200.00	13%	936.00
合　　计					￥18,000.00		￥2,340.00
价税合计（大写）	⊗贰万零叁佰肆拾元整				（小写）￥20,340.00		

销售方	名　　称：武汉华益食品有限公司 纳税人识别号：91210716308169957LH 地址、电话：武汉市江汉区江兴路10号 027-84521178 开户行及账号：中国银行江兴支行 1120 5213 7546	备注	

收款人：余丽明　　复核：姜新伟　　开票人：陈欣瑶　　销售方：（章）

第三联：发票联　购买方记账凭证

（印章：全国统一发票监制章 湖北 国家税务总局监制）

（印章：武汉华益食品有限公司 91210716308169957LH 发票专用章）

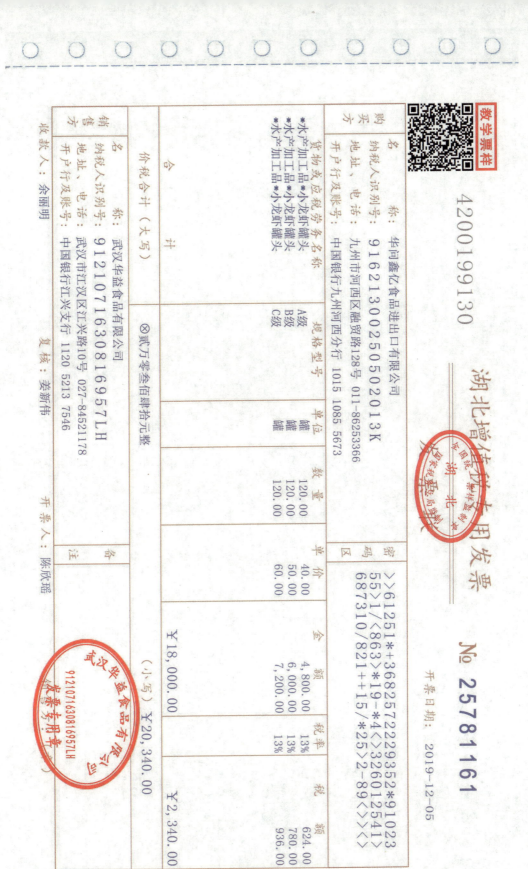

教学票样

4200199130

湖北增值税专用发票

抵扣联

№ 25781161

开票日期：2019-12-05

购买方	名称：华问鑫亿食品进出口有限公司 纳税人识别号：91621300250502013K 地址、电话：九州市河西区融贸路128号 011-86253366 开户行及账号：中国银行九州河西分行 1015 1085 5673	密码区	>>61251*+368257222 9352*91023 55>1/<863>*19-*4<>326012541> 687310/821++15/*25>2-89<>><>

货物或应税劳务名称	规格型号	单位	数量	单价	金额	税率	税额
*水产加工品*小龙虾罐头	A级	罐	120.00	40.00	4,800.00	13%	624.00
*水产加工品*小龙虾罐头	B级	罐	120.00	50.00	6,000.00	13%	780.00
*水产加工品*小龙虾罐头	C级	罐	120.00	60.00	7,200.00	13%	936.00
合计					￥18,000.00		￥2,340.00
价税合计（大写）	⊗贰万零叁佰肆拾元整				（小写）￥20,340.00		

销售方	名称：武汉华益食品有限公司 纳税人识别号：91210716308169 57LH 地址、电话：武汉市江汉区江兴路10号 027-84521178 开户行及账号：中国银行江兴支行 1120 5213 7546	备注	

收款人：余丽明　　复核：姜新伟　　开票人：陈欣瑶　　销售方：（章）

第二联：抵扣联 购买方扣税凭证

武汉华益食品有限公司 912107163081 6957LH 发票专用章

全国统一票样监制章 湖北 国家税务局监制

教学票样

4200198130

九州增值税专用发票

发票联

№ 00798325

开票日期：2019-12-07

购买方	名　　称：华问鑫亿食品进出口有限公司 纳税人识别号：916213002505020１3K 地址、电话：九州市河西区融贸路128号 011-86253366 开户行及账号：中国银行九州河西分行 1015 1085 5673	密码区	>>51252*+198327287915２*91023 55>1/<373>*19-*4<>926012541> 687310/621++15/*25>0-75<>><>

货物或应税劳务名称	规格型号	单位	数量	单价	金额	税率	税额
*运输服务*运费		项	1.00	2,752.29	2,752.29	9%	247.71
合　计					¥2,752.29		¥247.71
价税合计（大写）	⊗叁仟元整				（小写）¥3,000.00		

销售方	名　　称：九州远洋货物运输有限公司 纳税人识别号：911201121006766512 地址、电话：九州市光华大道205号 011-63451826 开户行及账号：中国银行九州市光华支行 1025 8755 2568	备注	

收款人：姜科　　复核：李薇　　开票人：熊梓淇　　销售方：（章）

第三联：发票联　购买方记账凭证

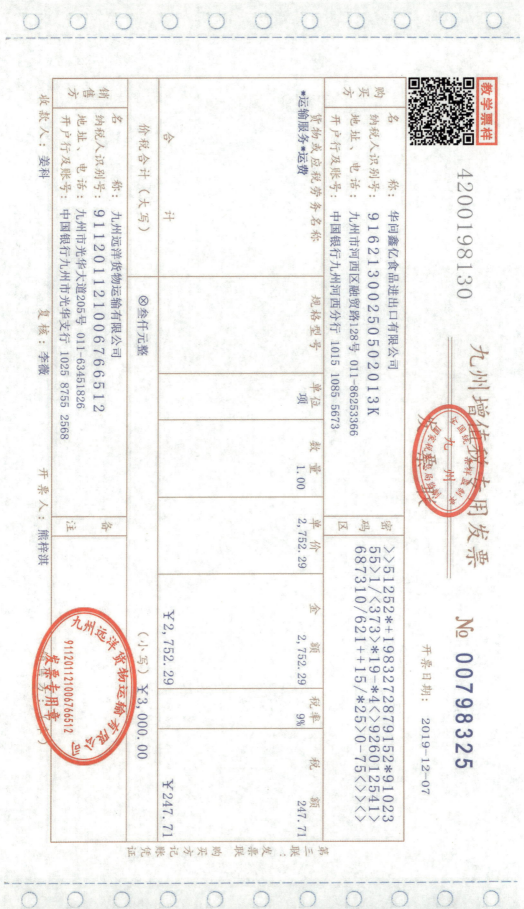

教学票样

4200198130

九州增值税专用发票

抵扣联

№ 00798325

开票日期： 2019-12-07

购买方	名　　称：华问鑫亿食品进出口有限公司 纳税人识别号：91621300250502013K 地址、电话：九州市河西区融贸路128号 011-86253366 开户行及账号：中国银行九州河西分行 1015 1085 5673	密码区	>>51252*+1983272879152*91023 55>1/<373>*19-*4<>926012541> 687310/621++15/*25>0-75<>><>

货物或应税劳务名称	规格型号	单位	数量	单价	金额	税率	税额
*运输服务*运费		项	1.00	2,752.29	2,752.29	9%	247.71
合　　计					￥2,752.29		￥247.71
价税合计（大写）	⊗叁仟元整				（小写）￥3,000.00		

销售方	名　　称：九州远洋货物运输有限公司 纳税人识别号：911201121006766512 地址、电话：九州市光华大道205号 011-63451826 开户行及账号：中国银行九州市光华支行 1025 8755 2568	备注	

收款人：姜科　　复核：李薇　　开票人：熊梓淇　　销售方：（章）

第二联：抵扣联　购买方扣税凭证

全国统一票样监制章 九州 国家税务总局监制

九州远洋货物运输有限公司 911201121006766512 发票专用章

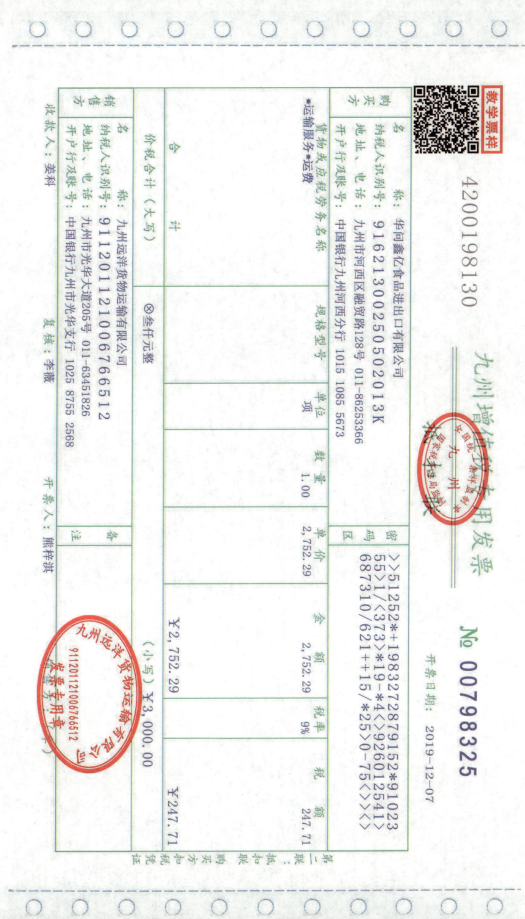

教学票样

1100199130

九州增值税专用发票

№ 68711258

此联不作报销、扣税凭证使用

开票日期： 2019-12-15

购买方	名　　称：星辰光影日化有限公司 纳税人识别号：91102500HK2127876L 地 址 、电 话：九州市云天区名仕路666号 011-62341238 开户行及账号：中国工商银行云天分行 62112 101032 5117927				密码区	>>11675*+859257232935 2*92024 55>1/<863>*19-*4<>326012114> 475310/521++54/*23>1-69<>><>	
货物或应税劳务名称	规格型号	单位	数　量	单　价	金　额	税率	税　额
*代理进口货物*代理手续费			1.00	8,733.54	8,733.54	6%	524.01
合　　计					￥8,733.54		￥524.01
价税合计（大写）	⊗玖仟贰佰伍拾柒元伍角伍分				（小写）￥9,257.55		
销售方	名　　称：华问鑫亿食品进出口有限公司 纳税人识别号：91621300250502013K 地 址 、电 话：九州市河西区融贸路128号 011-86253366 开户行及账号：中国银行九州河西分行 1015 1085 5673				备注		

收 款 人：葛佳敏　　复 核：陈萍　　开 票 人：罗子琪　　销 售 方：（章）

第一联：记账联 销售方记账凭证

华问鑫亿食品进出口有限公司 91621300250502013K 发票专用章

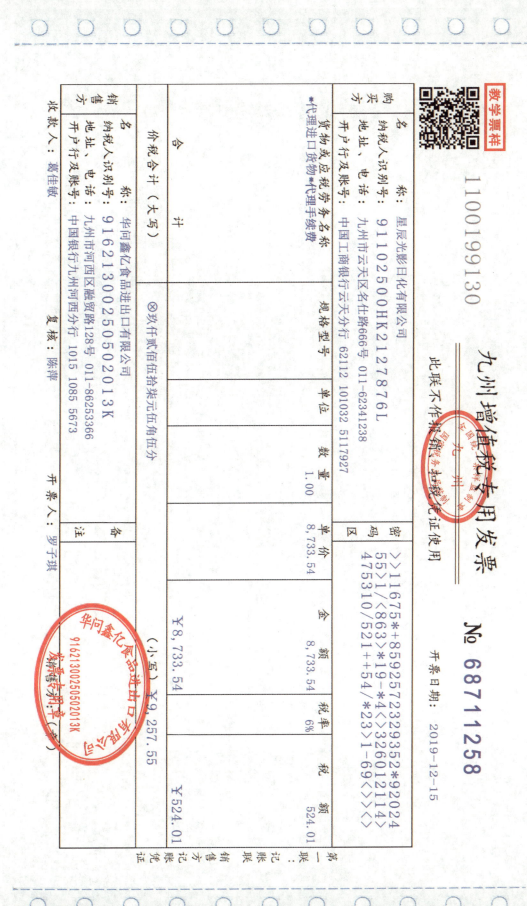

教学票样

1100199130

九州增值税专用发票

№ 68711259

此联不作报销、扣税凭证使用

开票日期：2019-12-24

购买方	名　　称：九州清河酒饮有限公司 纳税人识别号：91110500MA2887135H 地址、电话：九州市云天区金融大街95号 011-62348899 开户行及账号：中国工商银行云天分行 624130 010855 617325	密码区	>>12675*+859257212935 2*92024 55>1/<663>*19-*4<>326012114> 475310/421++54/*23>1-70<>><>

货物或应税劳务名称	规格型号	单位	数量	单价	金额	税率	税额
*代理出口货物*代理手续费			1.00	244,644.00	244,644.00	6%	14,678.64
合　　计					￥244,644.00		￥14,678.64
价税合计（大写）	⊗贰拾伍万玖仟叁佰贰拾贰元陆角肆分				（小写）￥259,322.64		

销售方	名　　称：华问鑫亿食品进出口有限公司 纳税人识别号：91621300250502013K 地址、电话：九州市河西区融贸路128号 011-86253366 开户行及账号：中国银行九州河西分行 1015 1085 5673	备注	

收款人：葛佳敏　　复核：陈萍　　开票人：罗子琪　　销售方：（章）

第一联：记账联　销售方记账凭证

华问鑫亿食品进出口有限公司 91621300250502013K 发票专用章

全国统一发票监制章 九州 国家税务总局监制

教学票样

4200198130

九州增值税专用发票

发票联

№ 05301491

开票日期： 2019-12-31

购买方	名　　称：华问鑫亿食品进出口有限公司 纳税人识别号：91621300250502013K 地 址、电 话：九州市河西区融贸路128号 011-86253366 开户行及账号：中国银行九州河西分行 1015 1085 5673	密码区	>>51252*+1983272879152*81023 55>1/<373>*19-*4<>926012541> 687310/621++15/*25>1-22<>><>

货物或应税劳务名称	规格型号	单位	数量	单价	金额	税率	税额
*汽油*车用汽油	95# (U)	升	1008.00	5.00	5,040.00	13%	655.20
合　　计					￥5,040.00		￥655.20
价税合计（大写）	⊗伍仟陆佰玖拾伍元贰角				（小写）￥5,695.20		

销售方	名　　称：中国石油天然气股份有限公司九州销售分公司 纳税人识别号：91110203211585562Q 地 址、电 话：九州市光华大道138号 011-82776565 开户行及账号：中国银行九州市光华支行 1005 2551 3784	备注	

收款人：冯丽　　复核：吕志伟　　开票人：乐玉林　　销售方：（章）

第三联：发票联　购买方记账凭证

全国统一票样监制章 九州 国家税务总局监制

中国石油天然气股份有限公司九州销售分公司 91110203211585562Q 发票专用章

教学票样

4200198130

九州增值税专用发票

抵扣联

№ 05301491

全国统一票样监制章 九州 国家税务总局监制

开票日期：2019-12-31

购买方	名称：华问鑫亿食品进出口有限公司 纳税人识别号：91621300250502013K 地址、电话：九州市河西区融贸路128号 011-86253366 开户行及账号：中国银行九州河西分行 1015 1085 5673	密码区	>>51252*+198327287 9152*81023 55>1/<373>*19-*4<>926012541> 687310/621++15/*25>1-22<>><>

货物或应税劳务名称	规格型号	单位	数量	单价	金额	税率	税额
*汽油*车用汽油	95# (U)	升	1008.00	5.00	5,040.00	13%	655.20
合计					¥5,040.00		¥655.20
价税合计（大写）	⊗伍仟陆佰玖拾伍元贰角				（小写）¥5,695.20		

销售方	名称：中国石油天然气股份有限公司九州销售分公司 纳税人识别号：91110203211585562Q 地址、电话：九州市光华大道138号 011-82776565 开户行及账号：中国银行九州市光华支行 1005 2551 3784	备注	中国石油天然气股份有限公司九州销售分公司 91110203211585562Q 发票专用章

收款人：冯丽　　复核：吕志伟　　开票人：乐玉林　　销售方：（章）

第二联：抵扣联 购买方扣税凭证